머리말

이일은 이부터 구구 팔십일까지 노래 부르며 외웠던 기억이 누구나 있을 거예요.
아름다운 이 땅에 금수강산에, 한국을 빛낸 100명의 위인들도 5절까지 금세 부르지요.

노래를 붙여 암기하는 방법은 빠르고 재미있어서,
어린이들에게 유용한 학습법인 것은 확실합니다.
하지만 질문 하나! 구구단만 가지고 바로 도형의 넓이 부피를 구할 수 있을까요?

그렇지 않습니다. 밑변과 높이의 개념, 도형의 종류에 대해서도 추가로 학습하고,
알맞은 공식을 이해하고 대입해서 적용할 수 있어야 해요.
100명의 위인도 마찬가지입니다. 이름 100개를 줄줄이 댈 수 있다고 하여
시대의 흐름을 이해하고, 어떤 업적을 쌓았는지 알며, 교훈을 음미하고 적용해 보는
학습 수준에 도달했다고는 볼 수 없는 것이죠.

〈하루하루 한국을 빛낸 100명의 위인들〉은
콘셉트 기획부터 위인 검토 및 선별, 퀴즈와 사자성어 문장 하나까지

어린이들의 시선에서 최대한 부담 없이,
재미있게 읽어 내려갈 수 있도록 구성했습니다.

인물명, 시대, 직업까지 귀여운 그림과 한 묶음으로 훑으며
나도 모르게 배경지식을 쌓고, 대화가 살아 있는 인물 이야기를
읽어 보세요. 알쏭달쏭한 낱말들은 어휘 코너의 뜻풀이를 참고하며
어휘력과 문해력의 토대를 다져 나갑니다.
이야기에 녹인 사자성어도 접해 보며, 위인별 퀴즈로 이야기를 집중해서 읽었는지,
중요한 내용을 기억하는지까지 점검해 보세요.
각 위인별 QR 코드를 스캔하여 위인 이야기를 영상으로도 만날 수 있습니다.

노랫말 중 실재 인물이 아니거나, 심한 친일 행적이 있는 등의 일부 인물들은
덜어내고, 본받을 점을 선사하는 위인들을 추가하여 구성했습니다.

어린이들이 우리 역사에 살아 숨 쉬는 위인들을 흥미롭게 접하고,
즐거운 마음으로 지식과 교훈을 품는 데 도움이 되길 소망합니다.

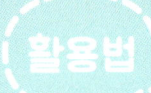

[유튜브 영상]
QR 코드를 스캔하면 위인의 이야기를 영상으로 만날 수 있어요.

[위인 소개]
위인의 이름과 대표적인 업적, 특징을 짚으며 이야기를 시작해요.

[인물 이야기]
위인의 삶과 업적을 생생한 스토리와 일러스트로 만나 보세요.

쉰두 번째 위인

우리말 우리글을 창제한
세종 대왕

"내가 꿈꾸는 *태평성대란 백성이 하려고 하는 일을 원만하게 하는 세상이다."

조선의 제4대 왕, 세종 대왕의 말씀이에요.

세종 대왕이 조선을 다스렸던 시기는 우리 민족의 역사상 나라 안팎이 두루 평안하고 가장 많은 발전을 이루었다고 해도 과언이 아니에요. ¹집현전을 세워 똑똑한 인재들을 뽑아 나라의 정책을 연구하게 했고, 유교를 기반으로 중요한 제도들을 정비했어요. 장영실에게 해시계와 물시계, 측우기를 만들게 하여 백성들이 ²농사짓는 데 편리해지게 했어요. 김종서 장군을 보내 북방을 개척해서 지금의 위치까지 우리 땅을 넓혔고요.

가장 빛나는 업적은 바로 우리의 ³한글, 훈민정음을 창제한 것이에요. 모든 사람이 글을 읽고 표현할 수 있도록 고민과 연구를 거듭해서 한글을 만들었지요. 덕분에 지금까지 우리 민족은 ⁴고유의 언어로 소통하고, 높은 수준의 지식과 문화, 예술을 발달시킬 수 있었던 거랍니다.

위인 세종 대왕 **시대** 조선
출생-사망 1397~1450년 **직업** 왕

하루하루 한국을 빛낸 100명의 위인들

[오늘의 사자성어]
[인물 이야기] 속 시대상 및 위인의 삶을 보여 주는 연계 사자성어를 풀이해 드립니다. '이런 뜻이구나.' 하고 가볍게 즐기세요.

오늘의 사자성어

太 클 태
平 평평할 평
聖 성인 성
代 시대 대

어진 임금이 잘 다스려 태평한 세상이나 시대, 백성들이 혼란 없이 평화롭게 사는 나라를 의미해요.

교과서 속 오늘의 낱말

1. **집현전** 조선 전기의 관아로, 궁중에 설치한 학문 연구 기관이에요.
2. **농사짓다** 씨나 모종을 심어 기르고 거두는 일이에요.
3. **한글** 우리나라 고유의 글자로, 세종 대왕이 창제한 훈민정음을 20세기 이후에 부르는 또 다른 명칭이에요.
4. **고유** 본래부터 가지고 있는 특유한 것을 의미해요.

[교과서 속 오늘의 낱말]
[인물 이야기] 속 초등 교과 분야를 원활하게 학습하는 데 꼭 필요한 어휘 위주로 뜻풀이를 제공합니다.

퀴즈! 꼭 알고 가기 — 세종 대왕

1. 다음 중 세종 대왕의 업적이 <u>아닌</u> 것은 무엇인가요?
   ① 북쪽을 개척해서 우리 땅을 넓혔어요.
   ② 집현전을 설치했어요.
   ③ 왕자의 난을 일으켰어요.
   ④ 훈민정음을 창제했어요.

2. 다음 문장에 어울리는 낱말을 적으세요.
   간신들이 눈과 귀를 가리면, 지도자는 혼자 ☐☐☐☐ 인 줄 안다.

[퀴즈! 꼭 알고 가기]
각 위인과 관련하여 꼭 알아야 할 지식과 교훈을 퀴즈로 짚고 넘어갑니다. [인물 이야기]를 집중해서 읽었는지 되새기고 스스로 점검해 보세요.

정답 p. 220

[정답]
퀴즈의 답이 맞는지 살펴보고, 잘 몰랐거나 알쏭달쏭한 문제가 있었다면 [인물 이야기], [오늘의 사자성어]를 다시 한번 읽고 풀어 보세요.

차례

#1절

아름다운 이 땅에 금수강산에, 홍익인간 뜻으로 나라 세운 **단군**	10
대대손손 훌륭한 인물 중 고구려 세운 **동명왕**	12
고구려를 떠나 백제를 세운 **온조왕**	14
알에서 나온 신라의 첫 번째 왕 **박혁거세**	16
우리 역사에서 가장 넓은 영토를 차지하며 만주 벌판을 누빈 **광개토 대왕**	18
신라를 발전시킨 정치가이자, 꾀를 내어 우산국을 정벌한 장군 **이사부**	20
방아 타령을 연주하며 마음으로 가족을 위로한 **백결**	22
백제를 해상 무역 강국으로 이끈 **근초고왕**	24
황산벌에서 죽을힘을 다해 백제를 지킨 **계백**	26
죽음으로써 신라군의 사기를 높인 화랑 **관창**	28

#2절

신라의 삼국 통일에 큰 공을 세운 **김유신**	32
삼국을 통일하고 지금도 동해에서 우리나라를 지키고 있는 **문무왕**	34
깨달음은 마음에 달렸다 **원효 대사**	36
왕오천축국전을 집필한 **혜초**	38
해적을 소탕한 장군이자 중계 무역으로 큰 성과를 거둔 **장보고**	40
고구려의 후손으로 발해를 세운 **대조영**	42
후삼국을 통일하고 고려를 세운 **태조 왕건**	44
고려의 기틀을 마련하고 안정시킨 **광종**	46
흥화진 전투와 귀주대첩 승리로 거란을 물리친 **강감찬**	48
싸우지 않고 이긴 외교 전략가 **서희**	50
거란에 맞서 고려를 지킨 **양규**	52
정변을 일으켜 무단 정치 시대를 열었던 **정중부**	54
우리나라 최초의 화약을 만든 **최무선**	56
몽골에 맞서 삼별초 항쟁을 주도한 **배중손**	58

수많은 저서에 우리 역사의 자취와 민족의 자부심을 남긴 이규보	60
고려의 뛰어난 시인 정지상	62
노예 해방 운동으로 평등한 세상을 꿈꾼 만적	64
우리나라에서 가장 오래된 역사책 삼국사기를 편찬한 김부식	66
조계종을 일으킨 보조 국사 지눌	68
우리나라에 처음으로 천태종을 연 대각 국사 의천	70
왜구를 격퇴하고 대마도를 정벌한 이종무	72
일편단심 목숨 바친 고려의 충신 정몽주	74
우리 백성들이 따뜻한 솜옷을 입을 수 있게 한 문익점	76
교육의 중요성을 깨닫고 수많은 인재를 길러 낸 해동공자 최충	78
고조선부터 삼국 시대의 역사와 다양한 문화를 남긴 일연	80

#3절

황금 보기를 돌같이 한 최영	84
어질고 청렴한 관리 황희 정승	86
대쪽보다 곧은 청백리 맹사성	88
조선 최고의 과학자이자 발명가 장영실	90
조선의 기틀을 세운 일등 공신 정도전	92
제주 백성을 흉년에서 구한 큰 상인이자 기부왕 김만덕	94
나라의 앞날을 대비한 학자 이율곡	96
성리학을 연구하고 더욱 발전시킨 이퇴계	98
글과 그림에 능한 예술가 신사임당	100
나라 지키는 것밖에 몰랐던 홍의 장군 곽재우	102
왜군을 막아 내기 위해 목숨을 바친 의병장 조헌	104
곽재우와 함께 끝까지 싸운 무신 김시민	106
왜군을 전멸시킨 위대한 장군 충무공 이순신	108
새 나라 조선을 세운 태조	110
조선 창건을 이끌고 상왕으로 물러난 정종	112

왕자의 난을 정리하고 세종 통치의 토대를 닦은 태종	114
우리말 우리글을 창제한 세종 대왕	116
너무 빨리 승하하여 안타까운 문종	118
유배지에서 생을 마감한 단종	120
무력으로 왕위에 오른 세조	122
단종의 복위를 꾀하다 발각되어 죽은 사육신 성삼문	124
단종의 복위를 꾀하다 발각되어 죽은 사육신 박팽년	126
단종의 복위를 꾀하다 발각되어 죽은 사육신 이개	128
단종의 복위를 꾀하다 발각되어 죽은 사육신 하위지	130
단종의 복위를 꾀하다 발각되어 죽은 사육신 유성원	132
단종의 복위를 꾀하다 발각되어 죽은 사육신 유응부	134
단종에 대한 절개와 의리로 한평생 벼슬하지 않은 생육신 김시습	136
단종에 대한 절개와 의리로 한평생 벼슬하지 않은 생육신 원호	138
단종에 대한 절개와 의리로 한평생 벼슬하지 않은 생육신 이맹전	140
단종에 대한 절개와 의리로 한평생 벼슬하지 않은 생육신 조려	142
단종에 대한 절개와 의리로 한평생 벼슬하지 않은 생육신 성담수	144
단종에 대한 절개와 의리로 한평생 벼슬하지 않은 생육신 남효온	146
왜장을 붙들고 강물로 투신하여 순국한 의로운 여성 논개	148
임진왜란 7년간 군대를 지휘하며 행주 대첩에서 승리한 권율	150

4절

현실에 안주하지 않고 진보적 사상을 펼친 실학자 박지원	154
의적이 되어 반란을 일으킨 임꺽정	156
청나라와 화의를 끝까지 반대하다 처형당한 삼학사 홍익한	158
청나라와 화의를 끝까지 반대하다 처형당한 삼학사 윤집	160
청나라와 화의를 끝까지 반대하다 처형당한 삼학사 오달제	162
탐관오리를 벌하고 백성을 위한 조치를 취한 어사 박문수	164
우리나라를 대표하는 명필 서예가 한석봉	166

사람들의 생활을 실감 나게 그려 낸 풍속화의 대가 김홍도	168
삿갓을 쓰고 세상을 떠돌며 풍자시를 쓴 김삿갓	170
3대 지도와 지리지를 펴낸 학자 김정호	172
당쟁을 타파하고 나라를 안정시키기 위해 노력한 영조	174
탕평책을 계승하고 선진 개혁 정책을 펴고자 한 정조	176
유배지에서도 실학을 연구하고 저서로 남긴 정약용	178
개혁의 큰 뜻을 품고 농민 운동을 펼친 혁명가 전봉준	180
우리나라 최초의 천주교 신부 김대건	182
자유로운 예술을 꿈꿨던 황진이	184
차별에 분노하고 적극적으로 저항한 홍경래	186
독립을 위해 목숨 바친 윤봉길	188
일제 침략의 원흉을 처단한 안중근	190
우리 민족의 독립과 통일을 위해 자신을 바친 김구	192

5절

하늘을 우러러 한 점 부끄럼이 없이 살고자 했던 윤동주	196
우리나라에서 처음으로 종두를 시행한 지석영	198
민족 대표의 수장이자 3·1 운동을 주도한 손병희	200
18세에 옥중에서 순국한 독립운동가 유관순	202
신민회와 대성 학교, 흥사단 등을 세워 민족의 실력을 높이고자 한 안창호	204
어린이날을 만든 방정환	206
승려 출신의 독립운동가이자 민족시인 한용운	208
보따리 싸 들고 다니며 우리말을 연구하고 가르친 주시경	210
누구도 따라 할 수 없는 파격적인 시인 이상	212
시련 속에서도 따뜻한 마음을 그린 천재 화가 이중섭	214
우리나라 최초의 가톨릭 추기경 김수환	216

정답	218
찾아보기	223

#1절

단군

동명왕

온조왕

박혁거세

광개토 대왕

이사부　　　백결　　　근초고왕　　　계백　　　관창

#첫 번째 위인

아름다운 이 땅에 금수강산에, 홍익인간 뜻으로 나라 세운 **단군**

하늘을 다스리는 환인은 아들 환웅에게 말했어요.

"네 뜻이 인간 세상에 관심이 많으니, 하늘의 보물을 가지고 내려가 다스려 보아라."

환웅은 **1청동검**과 거울, 방울을 가지고 바람, 비, 구름을 맡은 신하들과 함께 내려와 **2태백산** 아래에서 사람들에게 농사짓는 법을 가르쳤어요.

그러던 어느 날, 사람이 되고 싶은 곰과 호랑이가 찾아왔고, 환웅은 쑥과 마늘을 주었어요.

"동굴에 들어가 햇빛을 보지 말고 이것을 먹으며 100일 동안 *환골탈태를 거쳐라!"

호랑이는 중간에 도망쳐 버렸지만, 참고 견딘 곰은 웅녀라는 여인이 되어 환웅과 결혼했고, 둘 사이에 태어난 사람이 바로 단군이랍니다.

무럭무럭 자란 단군은 아사달을 **3수도**로 한 우리나라 최초의 국가 **4고조선**을 세웠고, 고조선의 왕이자 제사장이 되었어요.

위인 단군
출생-사망 ?~?
시대 고조선
직업 왕, 제사장

오늘의 사자성어

換 바꿀 환
骨 뼈 골
奪 벗을 탈
胎 태 태

뼈를 바꾸고 태를 벗는다 즉, **보다 나은 방향으로 전혀 달라진다**는 의미예요.

교과서 속 오늘의 낱말

1 **청동검** 구리와 주석을 섞은 청동으로 만든 칼이에요.

2 **태백산** 고조선 건국 신화에 나오는 산으로, 환웅이 하늘에서 내려와 나라를 세웠다고 전해져요. 정확한 위치는 알려져 있지 않아요.

3 **수도** 한 나라의 중심이 되는 도시를 뜻해요.

4 **고조선** 우리나라 최초의 국가로, 기원전 2333년 무렵에 단군 왕검이 세운 나라예요.

 꼭 알고 가기 **단군**

1. 고조선의 수도는 어디인가요?

   ① 경주
   ② 아사달
   ③ 서울
   ④ 수도가 없었음

2. 다음 문장에 어울리는 오늘의 낱말을 적으세요.

   대한민국의  는 서울이에요.

 p. 218

#두 번째 위인

대대손손 훌륭한 인물 중
고구려 세운 **동명왕**

　동부여의 금와왕이 물가에 ¹**행차**를 나갔다가, 슬픔에 빠진 유화 부인을 만났어요. 유화는 물을 다스리는 하백의 딸이었는데, 해모수와 사랑에 빠져 하백에게 쫓겨난 것이었어요.

　금와왕의 궁궐에 온 유화는 알을 낳았고, 그 알에서 나온 아이가 바로 주몽이었답니다.

　주몽은 활쏘기와 사냥 등 잘하는 게 많은 *팔방미인으로 자랐어요. 금와왕의 맏아들은 주몽을 ²**시기하여** 못살게 굴기도 했지요.

　결국 주몽은 부여를 떠나 오이, 마리, 협보라는 세 친구와 함께 '졸본'이라는 곳에 도착했어요. 이곳에서 주몽은 졸본의 ³**부족장** 딸 소서노와 함께 새로운 나라 ⁴**고구려**를 세웠습니다.

　이로써 주몽은 '동명왕' 또는 '동명 성왕'이라 불리는 고구려의 첫 번째 왕이 되었답니다.

위인 동명왕　　　　　**시대** 고구려
출생-사망 기원전 58~기원전 19년　**직업** 왕

오늘의 사자성어

八 여덟 **팔**
方 방향 **방**
美 아름다울 **미**
人 사람 **인**

여러 방면에 능통한 사람을 비유적으로 이르는 말이에요.

교과서 속 오늘의 낱말

1 **행차** 웃어른이 차리고 나서서 길을 가는 것을 말해요.

2 **시기하다** 남이 잘되는 것을 보기 싫어하고 미워하는 거예요.

3 **부족장** 옛날 원시 사회에서 한 사회를 이루는 단위를 부족이라고 했어요. 부족장은 그 부족을 다스리는 우두머리를 말해요.

4 **고구려** 우리나라 삼국 시대의 삼국 가운데 하나로, 기원전 37년에 동명왕 주몽이 졸본을 도읍으로 하여 세운 나라예요.

 꼭 알고 가기 **동명왕**

1. 유화가 사랑에 빠진 사람은 누구인가요?

   ① 단군
   ② 주몽
   ③ 해모수
   ④ 협보

2. 다음 문장에 어울리는 낱말을 적으세요.

   동명왕은 ☐☐☐ 의 첫 번째 왕이 되었습니다.

 p. 218

#세 번째 위인

고구려를 떠나 백제를 세운
온조왕

소서노의 두 아들 비류와 온조는 언젠가 동명왕의 **¹후계자**가 되어 고구려의 왕이 될 꿈을 꾸고 있었어요. 하지만 어느 날, 부여에서 동명왕과 예씨 부인의 아들 유리가 찾아와 임금의 자리를 잇기로 되었어요. 소서노와 비류, 온조는 실망하고 억울할 수밖에 없었지요.

"아버지께서 고구려를 세우는 데 어머니와 우리 형제의 공이 컸는데, 이제 모두 소용없게 되었다. 유리 왕자가 왕이 되면, 이번에 우리를 *토사구팽한 것으로도 모자라 결국 무사히 두지 않을 게 분명해."

소서노와 두 아들은 열 명의 **²신하**와 백성들을 이끌고 고구려를 떠나 남쪽으로 향했어요.

첫째 비류는 오늘날의 인천 쪽에 해당하는 미추홀에 자리 잡았고, 둘째 온조는 지금의 서울 **³한강** 근처에 위례성을 쌓고 나라를 세워 온조왕이 되었어요.

후에 비류가 죽고, 그의 백성들이 온조왕의 백성이 되기를 청하여 이들을 받아들였어요. 이후 온조왕은 나라 이름을 **⁴'백제'**로 바꾸었답니다.

위인 온조왕　　**시대** 백제
출생-사망 ?~기원후 28년　**직업** 왕

오늘의 사자성어

兎 토끼 **토**
死 죽을 **사**
狗 개 **구**
烹 삶을 **팽**

토끼를 잡고 나면 사냥개는 주인에게 삶아 먹힌다
즉, 필요가 없어지니 매정하게 버린다는 의미예요.

교과서 속 오늘의 낱말

1 **후계자** 어떤 일이나 사람의 뒤를 잇는 사람이에요.

2 **신하** 임금을 섬기어 벼슬하는 사람을 가리켜요.

3 **한강** 우리나라 중부 지방을 동서로 가로지르는 강이에요. 백제, 신라, 고구려 삼국은 한강을 차지하기 위해 많은 전쟁을 하였답니다.

4 **백제** 우리나라 삼국 가운데 하나로, 기원전 18년에 온조왕이 위례성을 도읍으로 하여 세운 나라예요.

 꼭 알고 가기 **온조왕**

1. 다음 중 온조왕의 가족이 <u>아닌</u> 사람은 누구인가요?

   ① 소서노
   ② 동명왕
   ③ 비류
   ④ 단군

2. 다음 문장에 어울리는 낱말을 적으세요.

   국가대표 선수를 팀이 승리하자마자 방출하다니
   ☐☐☐☐ 이 따로 없네.

정답 p. 218

#네 번째 위인

알에서 나온 신라의 첫 번째 왕
박혁거세

한반도 남부 지역에 마한, 진한, 변한이 있었던 삼한 시대, 진한에 해당하는 지금의 경주 땅에 여섯 ¹마을이 있었어요. 각 마을의 우두머리인 촌장들은 중요한 일이 있을 때 모여서 *갑론을박 회의를 거쳐 나라를 다스렸어요.

여섯 촌장이 회의를 하던 어느 날, ²상서로운 빛이 환하게 비치는 모습을 발견했어요. 빛이 가리키는 곳으로 향했더니, 나정이라는 우물가에 하얀 말 한 마리와 자줏빛 알이 있었어요.

촌장들이 도착하자 하얀 말은 하늘로 올라갔고, 그 자리에 커다란 알이 하나 놓여 있는 게 아니겠어요? 촌장들이 알에 손을 대자, 알 속에서 건강한 사내아이가 태어나 ³우렁차게 울었어요.

아이는 세상을 밝게 다스리라는 뜻으로 '혁거세'라는 이름을 얻었고, 박처럼 둥근 알에서 태어났으므로 박씨 성이 붙었어요.

박혁거세는 쑥쑥 자라 ⁴신라의 첫 번째 왕이 되었답니다.

위인 박혁거세 **시대** 신라
출생-사망 기원전 69~기원후 4년 **직업** 왕

오늘의 사자성어

甲 첫째 천간 **갑**
論 논의할 **론**
乙 둘째 천간 **을**
駁 논박할 **박**

갑이 의견을 내고
을이 반박한다
즉, **서로 주장을 내세우며 논의함**을 나타내요.

교과서 속 오늘의 낱말

1 **마을**   여러 집이 모여 사는 곳을 뜻해요.
2 **상서롭다**   복되고 운 좋은 일이 일어날 조짐이 있는 모습을 말해요.
3 **우렁차다**   소리의 울림이 매우 크고 힘찬 것을 가리켜요.
4 **신라**   우리나라 삼국 시대의 삼국 가운데 하나로, 기원전 57년 박혁거세가 세운 나라입니다.

퀴즈! 꼭 알고 가기 박혁거세

1. 다음 중 박혁거세의 탄생에 대해 <u>틀린</u> 것을 고르세요.

① 신비로운 빛이 박혁거세가 있는 곳을 알렸어요.
② 하얀 말 한 마리가 하늘에서 알을 물고 내려왔어요.
③ 박처럼 둥근 알이 우물가에 있었어요.
④ 촌장들의 손이 닿자 알에서 태어났어요.

2. 다음 문장에 어울리는 낱말을 적으세요.

☐ ☐ ☐ 는 세상을 밝게 다스리라는 뜻이에요.

 p. 218

#다섯 번째 위인

우리 역사에서 가장 넓은 영토를 차지하며 만주 벌판을 누빈 **광개토 대왕**

고구려의 태자 담덕은 고국양왕이 세상을 떠나자 왕의 자리에 올랐어요. 바로 우리가 잘 알고 있는 고구려의 제19대 왕, 광개토 대왕이에요.

"나를 따르라!"

광개토 대왕은 왕이 되자마자 고구려 군사들을 이끌고 ¹**전쟁터**에서 용감히 싸웠어요. 남쪽으로는 백제, 신라 등을 제압했고, 북쪽으로는 거란, 요동까지 *파죽지세로 ²**정벌했어요**. 우리 역사상 가장 넓은 땅을 차지한 때였어요.

당시 고구려의 수도인 '국내성'이 있던 지금의 중국 지린성에는 광개토 대왕릉비가 있습니다. 광개토 대왕릉비는 광개토 대왕의 아들 장수왕이 높이 6미터가 넘는 큰 돌에 글자를 새겨 세운 돌 ³**비석**이에요.

광개토 대왕릉비에는 고구려의 ⁴**건국** 이야기와 광개토 대왕이 이룩한 훌륭한 일들을 새겨 놓아, 오늘날 우리는 생생한 고구려 역사를 알 수 있지요.

위인 광개토 대왕 **시대** 고구려
출생-사망 374~412년 **직업** 왕

오늘의 사자성어

破 깨뜨릴 **파**
竹 대 **죽**
之 어조사 **지**
勢 기세 **세**

대나무를 쪼개듯이 **거침없이 적을 물리치고 쳐들어가는 기세**를 가리켜요.

교과서 속 오늘의 낱말

1 **전쟁터** 싸움을 치르는 장소를 말해요.
2 **정벌하다** 적 또는 죄 있는 무리를 무력으로 친다는 뜻이에요.
3 **비석** 기념하기 위하여 돌이나 금속, 나무에 글을 새겨서 세워 놓은 것을 '비'라 하는데, 그중 돌로 만든 비를 비석이라 불러요.
4 **건국** 나라를 세운다는 말이에요.

 꼭 알고 가기 **광개토 대왕**

1. 광개토 대왕의 아들은 누구인가요?
    ① 동명왕
    ② 장수왕
    ③ 고국양왕
    ④ 온조왕

2. 다음 문장에 어울리는 낱말을 적으세요.

☐☐☐☐ 로 우리 팀이 승리를 거듭하니 아무도 감히 덤비지 못했다.

 p. 218

여섯 번째 위인

신라를 발전시킨 정치가이자, 꾀를 내어 우산국을 정벌한 장군 이사부

신라의 ¹**왕족** 중 이사부라는 정치가이자 장군이 있었어요. 이사부는 슬기롭고 꾀가 많기로 알려져 있답니다.

당시 ²**울릉도**에는 우산국이라는 섬나라가 있었어요. 이사부는 군사들과 함께 배를 타고 우산국 정벌에 나섰지요. 물론 우산국 사람들은 잔뜩 긴장한 채 방어하고 있었고요.

이사부는 나무를 깎아 사자 모양으로 만든 것을 우산국 사람들에게 잘 보이도록 배에 쭉 세워 놓고 소리쳤어요.

"항복하지 않으면, 이 사자들을 우산국에 풀어놓아 모두 잡아먹게 할 것이야!"

멀리서 나무 사자를 본 우산국 사람들은 *아연실색 겁에 질려 ³**항복하고** 말았습니다.

이사부는 우산국 외에도 남부 지역에 있던 연맹 국가인 가야, 고구려와 백제의 섬을 ⁴**함락시키는** 등 신라의 땅을 넓히고 발전시키는 데 많은 공을 세웠어요.

위인 이사부　　**시대** 신라
출생-사망 ?~?　　**직업** 정치가, 장군

오늘의 사자성어

啞 벙어리 **아**
然 그러할 **연**
失 잃을 **실**
色 낯빛 **색**

뜻밖의 일을 당하여, **얼굴빛을 잃어버릴 정도로 크게 놀란 모습을** 의미해요.

교과서 속 오늘의 낱말

1 **왕족** 임금의 가족을 가리켜요.
2 **울릉도** 오늘날 우리나라 경상북도 울릉군에 속하는 화산섬이에요.
3 **항복하다** 적이나 상대편의 힘에 눌리어 굴복하는 거예요.
4 **함락시키다** 적의 성, 요새, 군대가 머무르는 곳 따위를 공격하여 무너뜨린다는 뜻이에요.

 꼭 알고 가기 **이사부**

1. 신라 시대 이사부가 정벌한 울릉도에 있던 섬나라의 이름은 무엇인가요?

   ① 우비국
   ② 장화국
   ③ 장마국
   ④ 우산국

2. 다음 문장에 어울리는 낱말을 적으세요.

   우산국 사람들이 실제 사자를 본 적이 없으니 나무 사자를 보고

   ☐ ☐ ☐ ☐ 놀란 게 아닐까?

 p. 218

 #일곱 번째 위인

방아 타령을 연주하며
마음으로 가족을 위로한 백결

신라의 거문고 연주가 백결은 너무나 가난했어요. 옷 한 벌을 백 번이나 ¹**기워** 입어 '백 군데를 꿰맸다'는 뜻의 백결 선생으로 불릴 정도로요.

음력으로 한 해의 마지막 날인 섣달그믐이 다가오고 모든 집마다 떡방아 찧는 소리가 울려 퍼졌어요. ²**곡식**이 있는 다른 집들은 설날을 맞아 떡이며 음식을 만들었지만, 쌀이 떨어진 백결 선생의 집은 쥐 죽은 듯 조용하기만 했어요.

결국 텅 빈 쌀독을 들여다보며 백결 선생의 아내는 ³**한숨**을 쉴 수밖에 없었어요.

"*삼순구식 ⁴**형편**에 밥 지을 쌀도 없는데 떡은 무슨······."

이 모습을 바라보던 백결 선생은 아내의 근심 걱정에 미안한 마음이 들었습니다.

아내를 위로해 주고 싶었던 백결 선생은 떡방아 소리를 흉내 내어 거문고를 뜯었지요. 이 곡을 「방아 타령」이라 불렀답니다.

위인 백결   **시대** 신라
출생-사망 ?~?   **직업** 음악가

오늘의 사자성어

三 석 삼
旬 열흘 순
九 아홉 구
食 먹을 식

한 달에 고작 아홉 끼니밖에 먹지 못할 정도로 **몹시 가난한 형편**을 뜻해요.

교과서 속 오늘의 낱말

1 **깁다**   떨어지거나 해어진 곳에 다른 조각을 대거나, 그대로 꿰맨다는 뜻이에요.

2 **곡식**   식량이 되는 쌀, 보리, 콩, 옥수수 등을 통틀어 가리키는 말이에요.

3 **한숨**   근심이 있을 때, 또는 긴장했다가 안도하며 길게 몰아서 내쉬는 숨이에요.

4 **형편**   일이 되어 가는 상태, 살림살이의 형세를 말해요.

 꼭 알고 가기 **백결**

1. 백결 선생이 떡 찧는 소리를 흉내 내어 연주한 곡은 무엇인가요?

    ① 절구 타령

    ② 방아 타령

    ③ 쌀독 타령

    ④ 뚝배기 타령

2. 다음 문장에 어울리는 낱말을 적으세요.

    잃어버린 줄 알았던 지갑이 책상 위에 놓여 있는 것을 보니 안도의 ☐☐ 이 나왔다.

 p. 218

여덟 번째 위인

백제를 해상 무역 강국으로 이끈
근초고왕

백제의 최전성기를 이룬 근초고왕은 백제의 제13대 왕이에요. 346년 왕위에 오른 이후로 여러 면에서 나라 안팎의 **¹기틀**을 세우고 힘을 **²공고히 했어요**.

고구려의 고국원왕과의 평양성 전투에서 승리를 거두었고 가야의 작은 나라들을 정벌하기도 했어요.

한산으로 **³도읍**을 옮긴 후에는 바닷길을 통한 동진, **⁴왜**와의 **⁵무역**에 힘썼어요. 특히 백제의 수준 높은 우리 문화를 왜에 전달해 주며 영향력을 끼쳤어요. 근초고왕이 왜왕에게 내린 칼 '칠지도'가 일본의 국보로 지정되어 있을 정도랍니다.

중국 산둥반도 근처부터 왜에 이르는 뱃길에서, 백제는 단연 ***사통팔달**의 중심이었어요. 백제인들은 바다를 자유롭게 오가며 물자를 나누고 문화를 교류했답니다.

위인 근초고왕 **시대** 백제
출생-사망 ?~375년 **직업** 왕

오늘의 사자성어

四 넉 사
通 통할 통
八 여덟 팔
達 통달할 달

이리저리 사방으로 통한다
즉, **교통이나 통신이 원활하게 잘 발달됨**을 나타내요.

교과서 속 오늘의 낱말

1 **기틀** 어떤 일의 가장 중요한 원인이나 기회, 조건을 말해요.

2 **공고히 하다** 단단하고 튼튼하게 만든다는 의미예요.

3 **도읍** 한 나라의 중앙 정부가 있는 수도를 뜻해요.

4 **왜** 일본을 가리키는 옛날 말이에요.

5 **무역** 나라와 나라, 지방과 지방 사이 서로 물건을 사고팔거나 교환하는 일을 가리켜요.

 꼭 알고 가기 **근초고왕**

1. 다음 중 근초고왕에 대해 <u>틀린</u> 것을 고르세요.

   ① 백제의 전성기를 이끈 왕이에요.
   ② 바닷길을 개척하여 무역에 힘썼어요.
   ③ 근초고왕이 세상을 떠나자 삼천 궁녀가 낙화암에서 몸을 던졌어요.
   ④ 왜에 선진 문화를 전해 주었어요.

2. 다음 문장에 어울리는 낱말을 적으세요.

   이곳은 동서남북 큰 도로와 철도가 지나가니 ☐☐☐☐ 의 입지이다.

아홉 번째 위인

황산벌에서 죽을힘을 다해 백제를 지킨 계백

백제의 의자왕이 점점 충성스러운 신하들을 멀리하고 술 마시며 노는 데 빠져 있었을 무렵이에요. 의자왕은 ¹**바른말**을 하는 신하들을 감옥에 가두거나 멀리 ²**유배**를 보내 버리고, ³**나랏일**은 게을리했어요.

결국 신라에서 많은 군사를 이끌고 쳐들어왔고, 당나라까지 합세하고 있었어요. 그제야 의자왕은 계백 장군을 불러 명령했어요.

"백제의 운명이 *풍전등화보다 위태로우니, 황산벌로 가서 신라군을 무찌르라!"

용맹한 계백 장군이었지만 당시 백제군보다 신라군의 수가 압도적으로 많았기에, 싸움에서 패할지도 모른다고 생각했어요. 전투에 나서기 전, 계백 장군은 눈물을 흘리며 가족들의 목을 베었어요. 나라가 망하면 가족들은 적군에게 굴욕을 겪거나 ⁴**노비**가 되어야 했는데, 그 전에 죽는 게 낫다고 생각한 거예요.

계백 장군과 백제군은 황산벌 전투에서 수가 적음에도 불구하고 끝까지 싸워 네 번의 승리를 거두었어요. 하지만 계백 장군은 전쟁터에서 목숨을 잃고, 이후 백제군은 패배했습니다.

위인 계백
출생-사망 ?~660년
시대 백제
직업 장군

오늘의 사자성어

風 바람 풍
前 앞 전
燈 등불 등
火 불 화

바람 앞의 등불이라는 뜻으로, **매우 위태로운 처지에 있음을** 비유하는 말이에요.

교과서 속 오늘의 낱말

1 **바른말** 이치에 맞는 말이에요.
2 **유배** 죄인을 먼 시골이나 섬으로 보내 살게 하는 벌이에요.
3 **나랏일** 나라에 관한 일, 나라의 정치에 관한 일을 의미해요.
4 **노비** 남자 종과 여자 종을 아울러 부르는 말이었어요.

 꼭 알고 가기 **계백**

1. 전투에 나서기 전, 계백 장군은 왜 가족들의 목을 베었을까요?

   ① 가족들이 전투에 나가는 것을 반대해서
   ② 백제가 망하면 적군에게 큰 굴욕을 겪을 것 같아서
   ③ 대장으로서 부하들에게 자신의 각오를 보여주기 위해
   ④ 무술 실력을 점검해 보려고

2. 다음 문장에 어울리는 낱말을 적으세요.

   계백 장군은 ☐☐☐ 전투에서 네 번의 승리를 거두었어요.

 p. 218

열 번째 위인

죽음으로써 신라군의 사기를 높인
화랑 관창

김유신 장군이 이끄는 신라군은 황산벌 전투에서 뜻밖의 ¹**난관**을 맞이하게 되었습니다. 백제군보다 훨씬 군사가 많았음에도, 계백 장군이 이끄는 백제군에게 네 번이나 지고 있었던 거예요.

이때 한 어린 ²**화랑**이 용감하게 외쳤어요.

"제가 백제군 ³**진영**에 가서 싸우겠습니다!"

바로 화랑 관창이 나선 것이었습니다. 화랑은 신라의 청소년들이 몸과 마음을 단련하고 지식을 나누던 단체였어요.

홀로 말을 타고 돌진한 관창은 곧 백제 군사들에게 잡혀 계백 장군 앞에 섰어요. 계백 장군은 관창이 너무 어린 소년이기에 돌려보내 주었지만, 관창은 다시 돌아와 백제군을 ⁴**도발했지요**. 결국 계백 장군은 관창의 목을 베었습니다.

관창의 죽음으로 투지가 불타오른 신라군은 *권토중래하여 전투에서 승리를 거두었어요.

위인 관창
출생-사망 645~660년
시대 신라
직업 화랑

오늘의 사자성어

捲 말 권
土 흙 토
重 거듭 중
來 올 래

땅을 말아 일으킬 듯한 기세로 다시 온다는 뜻으로, **실패에 굴하지 않고 힘을 회복하여 다시 쳐들어오는 모습**을 나타내요.

교과서 속 오늘의 낱말

1 **난관** 일을 해 나가며 겪는 어려운 고비를 뜻해요.

2 **화랑** 신라 때, 신분이 높으며 학식이 있고, 외모가 단정한 청소년들을 모아 수양하도록 한 단체예요.

3 **진영** 서로 맞서는 세력의 어느 한쪽을 가리키는 말이에요.

4 **도발하다** 남을 집적거려 일이 일어나게 한다는 의미예요.

퀴즈! 꼭 알고 가기 관창

1. 다음 중 계백 장군과 화랑 관창이 만났던 싸움을 고르세요.

① 살수 대첩
② 청산리 대첩
③ 귀주 대첩
④ 황산벌 전투

2. 다음 문장에 어울리는 낱말을 적으세요.

신라의 ☐☐ 으로 관창, 김유신, 김춘추 등이 꼽힌다.

정답 p. 218

#2절

 김유신
 문무왕
 원효 대사
 혜초
 장보고

 양규
 정중부
 최무선
 배중손
 이규보

 대조영
 태조 왕건
 광종
 강감찬
 서희

 정지상
 만적
 김부식
 지눌
 의천

 이종무
 정몽주
 문익점
 최충
 일연

신라의 삼국 통일에 큰 공을 세운
김유신

　김유신 장군의 집안은 가야의 왕족 ¹**후손**이었다고 해요. 신라가 가야를 정복하면서, 가야 출신 사람들은 신라에서 뜻을 펼치기 위해 남들보다 더 ***분골쇄신** 노력하고 뛰어나야만 했지요.

　화랑의 지도자가 된 김유신은 ²**장수**로 이름을 떨치기 시작했어요. 중요한 전투마다 승리를 거두며 신라가 삼국 통일을 이루는 과정을 이끈 장군이라고 할 수 있어요.

　김유신은 정치가로서도 많은 일을 했어요. 선덕여왕의 ³**조카**로 태종 무열왕에 오른 김춘추와 김유신의 동생이 결혼을 하면서, 서로 친척이 되어 정치, 외교, 군사적인 면에서 힘을 합쳤답니다.

　태종 무열왕 김춘추의 ⁴**승하** 후에는 아들인 문무왕을 도와 삼국 통일의 위대한 업적을 완성했어요.

　가야 출신이라는 한계에 부딪혔지만, 포기하지 않고 끊임없이 애썼기에 김유신의 꿈이 이루어진 거예요.

위인 김유신　　**시대** 신라
출생-사망 595~673년　**직업** 장군, 정치가

오늘의 사자성어

粉 가루 분
骨 뼈 골
碎 부술 쇄
身 몸 신

뼈를 가루로 만들고 몸을 부술 만큼 **정성을 기울여 노력한다**는 의미예요.

교과서 속 오늘의 낱말

1 **후손**   여러 세대가 지난 뒤의 자녀를 통틀어 이르는 말이에요.

2 **장수**   군사를 거느리는 우두머리를 뜻해요.

3 **조카**   형제자매의 자식을 가리켜요.

4 **승하**   임금이나 존귀한 사람이 세상을 떠남을 높여 이르던 말이에요.

퀴즈! 꼭 알고 가기 김유신

1. 김유신 장군과 태종 무열왕은 어떤 관계였나요?

① 친척 관계

② 형제 관계

③ 부자 관계

④ 이웃사촌 관계

2. 다음 문장에 어울리는 낱말을 적으세요.

우승을 향한 선수들의 노력은 그야말로 ☐☐☐☐ 의 자세였다.

정답 p. 218

33

#열두 번째 위인

삼국을 통일하고 지금도 동해에서 우리나라를 지키고 있는 문무왕

    태종 무열왕 김춘추의 맏아들로 태어난 문무왕은 **¹경주** 바다에 위치한 문무 대왕릉으로도 잘 알려져 있어요.

    문무왕은 신라의 제30대 왕으로서, **²즉위하자마자** 나라 안팎으로 해결해야 할 일들이 무척 많았어요. 아버지 태종 무열왕이 백제를 정복했지만 고구려는 여전히 강한 경쟁 상대였고, 백제와 맞서기 위해 협력했던 당나라와의 관계도 잘 풀어 가야 했어요. 그야말로 생각할수록 *전전반측의 상황이었죠.

    고구려, 백제, 신라 중 국력이 가장 늦게 발전한 신라의 문무왕이 택한 삼국 통일의 전략은 **³외교**였습니다.

    문무왕은 백제를 무너뜨리기 위해 당나라의 도움을 받았는데, 후에 당나라가 우리 땅을 차지하려는 속마음을 드러내자, 당나라와 싸우는 고구려 **⁴유민**들을 지원하기도 했지요.

    끝내 문무왕은 완전한 삼국 통일을 이루었고, 죽어서도 동해에서 용이 되어 나라를 지키고자 했어요. 경주 바다의 대왕암이 바로 문무왕의 수중 왕릉이랍니다.

위인 문무왕   **시대** 통일 신라
출생-사망 ?~681년   **직업** 왕

오늘의 사자성어

輾 돌아누울 전
轉 구를 전
反 뒤척일 반
側 기울 측

누워서 몸을 이리저리 뒤척이며 잠을 이루지 못하는 상황 즉, **걱정과 고민이 가득한 모습**을 나타내요.

교과서 속 오늘의 낱말

1 경주   우리나라 경상북도의 동남부에 있는 시. 신라 시대 역사 유적이 많아요.

2 즉위하다 임금의 자리에 오른다는 뜻이에요.

3 외교   다른 나라와 정치적, 경제적, 문화적 관계를 맺는 일이에요.

4 유민   정해진 곳 없이 이리저리 떠돌아다니는 백성을 가리켜요.

 꼭 알고 가기 **문무왕**

1. 다음 중 문무왕에 대해 옳은 설명은 무엇인가요?

   ① 문무왕은 태종 무열왕의 막내아들로 태어났어요.
   ② 고구려와의 전투에서 장렬히 전사했어요.
   ③ 경주에 가면 동해에 잠든 문무왕의 수중 왕릉을 볼 수 있어요.
   ④ 문무왕은 삼국을 통일한 후 당나라와 함께 영토를 다스렸어요.

2. 다음 문장에 어울리는 낱말을 적으세요.

   잠자리에 든 지가 언제인데 ☐☐☐☐ 뒤척이니? 무슨 걱정 있어?

열세 번째 위인

깨달음은 마음에 달렸다
원효 대사

어려서부터 똑똑했던 원효는 커서 ¹**스님**이 되었어요. 부처님의 가르침을 열심히 공부하던 원효는 당나라로 가서 더 깊이 공부하기로 했고, 후배 스님인 의상과 함께 유학길에 나섰지요.

²**봇짐**을 둘러메고 한참 산길을 걷던 어느 날이었어요. 갑자기 비가 쏟아져, 원효와 의상은 숲속 동굴을 찾아 몸을 피해 하룻밤을 보내기로 했어요.

까무룩 잠들었던 원효는 한밤중에 잠에서 깼어요. ³**칠흑**같이 어두운 동굴 속을 더듬어 보니, 한쪽에 샘물이 고여 있었어요. 목이 말랐던 원효는 그 물을 마셨어요.

"꿀꺽꿀꺽! 아, 이렇게 달고 시원할 수가!"

다음 날 일어난 원효는 소스라치게 놀랐습니다. 알고 보니 어젯밤에 개운하게 마신 샘물이 ⁴**해골**에 고인 물이었던 거예요.

모든 게 마음먹기에 달렸다고 *대오각성한 원효 ⁵**대사**는 유학 가던 길을 접고 신라로 돌아왔어요. 신라에서 불교를 친숙하게 퍼뜨리는 데 힘썼고, 많은 책을 지었답니다.

위인 원효 대사 **시대** 통일 신라
출생-사망 617~686년 **직업** 승려

오늘의 사자성어

大 큰 대
悟 깨달을 오
覺 깨달을 각
醒 깰 성

크게 깨어나 깨닫는다는 의미예요.

교과서 속 오늘의 낱말

1 **스님** 불교의 출가 수행자인 '승려'를 높여 이르는 말이에요.

2 **봇짐** 물건을 보자기에 싸서 등에 지고 다니는 짐이에요.

3 **칠흑** 옻칠처럼 검고 광택이 있는 빛깔을 의미해요.

4 **해골** 사람이 죽고 앙상하게 남은 뼈, 특히 머리뼈를 가리켜요.

5 **대사** 불교에서 믿음이 두터운 사람을 의미해요.

 꼭 알고 가기 **원효 대사**

1. 원효 대사는 왜 당나라 유학길에서 신라로 되돌아오게 되었나요?

   ① 가다 보니 너무 멀어서

   ② 해골 물을 마시고 모든 게 마음에 달렸다는 깨달음을 얻어서

   ③ 후배 스님 의상과 다투고 기분이 상해서

   ④ 당나라 말을 좀 더 배우고 가려고

2. 다음 문장에 어울리는 낱말을 적으세요.

   원효 대사가 ☐☐☐ 에 원래대로 유학 갔다면 어떻게 됐을까?

열네 번째 위인

왕오천축국전을 집필한
혜초

신라 성덕왕 때 태어난 혜초의 어린 시절이며 어떻게 스님이 된 것인지는 잘 알려지지 않았어요.

승려였던 혜초는 부처님이 태어난 ¹**인도**와 그 주위 나라들을 두루 여행했어요. 한반도를 벗어나 중국을 넘어 *__사방팔방__ 인도까지 다녀왔다니 정말 대단하죠?

"여태 보고 들은 것들을 책으로 남겨, 더 많은 이들에게 알려야겠구나."

혜초는 4년여 동안 여행하며 둘러본 다양한 나라의 언어, 날씨, ²**풍습**, 생활, 제도 등을 생생하게 기록했습니다.

1908년 중국 도시 둔황의 동굴에서 프랑스 학자가 「왕오천축국전」이라는 ³**두루마리** 책을 발견했어요. 여러 학자들이 책의 글자를 ⁴**해독하고**, 저자인 혜초에 대해 연구했어요. 그 덕분에 지금 우리는 「왕오천축국전」이 고대 인도에 해당하는 '천축국' 주변의 다섯 나라를 다녀온 이야기라는 점을 알 수 있고, 혜초가 신라 사람이라는 사실도 밝혀진 거랍니다.

위인 혜초
출생-사망 704~787년
시대 통일 신라
직업 승려

오늘의 사자성어

四 넉 **사**
方 모 **방**
八 여덟 **팔**
方 모 **방**

네 방향 여덟 방향
즉, **이곳저곳 모든 방향과 방면**을 가리켜요.

교과서 속 오늘의 낱말

1 **인도** 　아시아 남부에 위치한 나라로, 옛 문명과 불교의 발상지예요.

2 **풍습** 　풍속과 습관을 아울러 이르는 말이에요.

3 **두루마리** 　가로로 길게 이어 돌돌 둥글게 만 종이를 가리켜요.

4 **해독하다** 　어려운 글의 구절 등을 읽어 이해하거나 해석하는 것을 말해요.

 꼭 알고 가기 **혜초**

1. 다음 중 혜초 스님이 지은 기행문 책의 이름은 무엇인가요?

　① 왕오천축국전
　② 반야심경
　③ 삼국지
　④ 홍길동전

2. 다음 문장에 어울리는 낱말을 적으세요.

하루 종일  어딜 다니느라 그리 바쁘니?

정답 p. 218

열다섯 번째 위인

해적을 소탕한 장군이자
중계 무역으로 큰 성과를 거둔 **장보고**

장보고의 어릴 적 이름은 '궁복'이었어요. '활을 잘 쏘는 사람'이라는 뜻이었는데, 궁복은 활쏘기 외에도 말타기, 수영 등 여러 가지 ¹**무예**에 뛰어났다고 해요. 하지만 궁복이라는 이름만 있지 성을 가질 수 없을 정도로 신분이 낮았어요. 결국 실력으로 ²**출세**하고 싶었던 궁복은 당나라로 떠났어요. '장보고'라는 이름도 당나라에서 지었어요.

장보고는 훌륭한 무예 실력으로 당나라의 군인이 되어 크고 작은 전투에서 활약했으며, 높은 지위에도 오르는 등 *승승장구했습니다.

그러던 어느 날, 장보고는 해적들이 신라 사람들을 붙잡아 노예로 파는 모습을 보게 되었어요.

장보고는 신라의 흥덕왕을 찾아가 군사를 달라고 요청했어요. 그리고 그 군사를 지금의 ³**완도**에 데려가 청해진을 설치하고, 해적들을 무찔렀어요.

직접 신라와 왜, 아시아 각국의 물건을 사들여 당나라에 파는 등 ⁴**중계 무역**으로 많은 이득을 얻기도 했답니다.

위인 장보고 **시대** 통일 신라
출생-사망 ?~846년 **직업** 장군

오늘의 사자성어

乘 탈 승
勝 이길 승
長 길 장
驅 몰 구

싸움에 이긴 형세를 타고 계속 몰아간다는 의미로, **승리의 기세를 몰아치는 모습**을 나타내요.

교과서 속 오늘의 낱말

1 무예 무도에 관한 재주를 가리켜요.

2 출세하다 높은 자리에 오르거나 유명하게 된다는 의미예요.

3 완도 전라남도에 있는 섬으로, 통일 신라 시대에 '신라-당나라-일본'을 잇는 해상 교통의 중요한 지역이었습니다.

4 중계 무역 다른 나라로부터 사들인 물건을 그대로 또 다른 나라에 파는 무역이에요.

 꼭 알고 가기 **장보고**

1. 장보고가 설치한 해상 기지이자 무역항의 이름은 무엇인가요?

① 청해진

② 노량진

③ 초지진

④ 양화진

2. 다음 문장에 어울리는 낱말을 적으세요.

다른 나라에서 산 물건을 그대로 또 다른 나라에 파는 것을

   이라고 해요.

#열여섯 번째 위인

고구려의 후손으로 발해를 세운
대조영

신라의 삼국 통일로 고구려가 멸망하자, 당나라 사람들은 뿔뿔이 흩어진 고구려 백성들을 억지로 먼 곳에 이사시키고 곡식과 물자를 빼앗곤 했어요.

고구려 사람들은 땅도 잃고 집도 없이 떠돌아다니다가, 낯선 곳에서 당나라 사람들에게 괴롭힘을 당하며 힘들게 살아야 했지요. 대조영의 가족도 당나라에 살던 고구려 유민이었어요.

¹**가뭄**이 몇 해 계속되어 쌀 한 톨 나지 않고 ²**흉년**이 반복되자 당나라의 ***가렴주구**는 최악에 달했어요. 고구려 유민들의 ³**식량**과 재산을 모조리 빼앗았고, 반항하면 마구 때리고 죽였어요.

고구려 유민들의 지도자였던 대조영은, 고구려인들을 이끌고 당나라군과 싸웠습니다. 옛 고구려 땅에 발해라는 나라를 세웠고 발해는 200년이 넘게 강한 나라로 발전했지요.

남쪽에는 삼국을 통일한 신라가, 북쪽에는 고구려의 후예인 발해가 함께 있던 ⁴**시대**를 '남북국 시대'라고 한답니다.

위인 대조영   **시대** 남북국
출생-사망 ?~719년   **직업** 왕

오늘의 사자성어

苛 가혹할 가
斂 거둘 렴
誅 벨 주
求 구할 구

가혹하게 거두고 베어내어 구한다 즉, **세금을 가혹하게 거두어들이고, 무리하게 재물을 빼앗는다**는 뜻이에요.

교과서 속 오늘의 낱말

1 가뭄   오랫동안 계속하여 비가 내리지 않아 메마른 날씨를 말해요.
2 흉년   농작물이 잘되지 않아서 굶주리게 된 해예요.
3 식량   살기 위해 필요한 사람의 먹을거리예요.
4 시대   역사적으로 구분된 일정한 기간을 가리켜요.

 꼭 알고 가기 **대조영**

1. 남쪽에는 통일 신라, 북쪽에는 발해가 있던 시대를 무엇이라고 하나요?

   ① 남동국 시대
   ② 동서국 시대
   ③ 남북국 시대
   ④ 서북국 시대

2. 다음 문장에 어울리는 낱말을 적으세요.

   대조영이 세운 발해는 ☐☐☐ 후손들의 나라입니다.

 p. 218

#열일곱 번째 위인

후삼국을 통일하고 고려를 세운
태조 왕건

신라 후기, 귀족들은 누가 왕이 되느냐에만 관심을 쏟았고 나랏일은 뒷전이니, 백성들은 혼란스럽기만 했어요. 지역마다 곳곳에서 ¹**호족**이 일어났어요. 강원도 일대에는 궁예가 후고구려를 세웠고, 전주 지역에서는 견훤이 후백제를 세웠어요. 왕건의 집안도 지금의 개성에 해당하는 송악의 호족이었습니다.

왕건의 집안은 처음에는 궁예의 후고구려와 힘을 합쳐 후백제와 ²**대적했습니다.** 왕건은 후백제군과의 전투에서 여러 번 승리를 거두며 후고구려의 힘을 키우는 데 공을 세웠지요.

그러나 궁예는 점점 이상해졌어요. 이유 없이 주위 사람들을 의심하고 죽이기까지 했어요. *어불성설 스스로 미륵이라 주장하며 ³**터무니없는** 행동을 일삼았죠. 결국 왕건과 부하들은 궁예를 몰아내고 고려를 세웠습니다.

왕건은 신라의 호족들과 힘을 합쳐 후백제를 정복하는 데 성공했고, 신라 마지막 경순왕의 ⁴**항복**을 받으며 후삼국의 통일이 이루어졌습니다.

위인 태조 왕건 **시대** 고려
출생-사망 877~? **직업** 왕

오늘의 사자성어

語 말씀 어
不 아닐 불
成 이룰 성
說 말씀 설

말이 아니고 말을 이룰 수 없다 즉, 말이 조금도 사리에 맞지 않으니 **도저히 말이 안 된다**는 의미예요.

교과서 속 오늘의 낱말

1 호족   통일 신라 말기·고려 초기에, 지방에서 성장해 고려를 건국하는 데 기여한 정치 세력이에요.

2 대적하다   적이나 어떤 세력, 힘 따위와 맞서 겨룬다는 뜻이에요.

3 터무니없다   헛되고 황당하여 전혀 근거가 없다는 말이에요.

4 항복   적이나 상대편의 힘에 눌리어 굴복하는 거예요.

 꼭 알고 가기 **태조 왕건**

1. 다음 중 후삼국 시대 나라가 <u>아닌</u> 하나를 고르세요.

   ① 후고구려

   ② 신라

   ③ 후백제

   ④ 가야

2. 다음 문장에 어울리는 낱말을 적으세요.

   왕건의 집안은 지금의 〿 〿 에 해당하는 송악의 호족이었습니다.

 p. 218

45

 # 열여덟 번째 위인

고려의 기틀을 마련하고 안정시킨
광종

광종은 태조 왕건의 아들로, 고려의 네 번째 왕이에요. 광종은 아버지 태조 왕건이 고려를 세운 이후 여러 사람들이 왕권을 [1]**위협하고**, 권력을 잡기 위해 *이전투구하는 모습을 보며 성장했어요.

광종은 즉위하자마자 정치적인 혼란을 잠재우고 나라를 안정시키는 데 힘을 쏟았습니다.

당시 호족들은 고려를 세우면서 [2]**포로**가 된 사람들이나, 노비가 아닌 사람들을 잡아다 사사로이 군사로 삼거나 노비를 시키곤 했었어요. 광종은 노비안검법을 실시하여 이렇게 억울하게 노비가 된 사람들을 중간 신분으로 복귀시켜 주었지요. 전문 지식과 실력을 평가하여 관리를 뽑는 [3]**과거제도**도 시행했고요.

아버지 태조의 뜻을 받아 북진 정책을 이어나가며 [4]**국방**의 안정에도 힘썼고, 중국 여러 왕조와의 적극적인 외교를 펼쳤습니다. 광종이 실시한 제도와 정책들을 토대로 고려의 체제가 정비되었고, 나라의 기초가 마련되었다고 할 수 있어요.

위인 광종　　　　**시대** 고려
출생-사망 925~975년　**직업** 왕

오늘의 사자성어

泥 진흙 니(이)
田 밭 전
鬪 싸울 투
狗 개 구

진흙탕에서 싸우는 개라는 뜻으로, **자기의 이익을 위하여 비열하게 다투는 모습**을 나타내요.

교과서 속 오늘의 낱말

1 **위협하다** 힘으로 으르고 협박한다는 말이에요.
2 **포로** 사로잡은 적을 가리켜요.
3 **과거 제도** 고려·조선 시대에, 과거를 통하여 관리를 선발하던 제도예요.
4 **국방** 다른 나라의 침략에 대비를 갖추고 국토를 지키는 일이에요.

퀴즈! 꼭 알고 가기 광종

1. 광종에 대해 <u>틀린</u> 설명은 무엇인가요?

    ① 과거 제도를 시행했어요.
    ② 북진 정책을 계승했어요.
    ③ 태조의 4대손으로 태어났어요.
    ④ 노비안검법을 실시했어요.

2. 다음 문장에 어울리는 낱말을 적으세요.

    광종은 고려를 세운 첫 번째 왕 태조 ☐☐ 의 아들이에요.

p. 218

#열아홉 번째 위인

흥화진 전투와 귀주대첩 승리로 거란을 물리친 강감찬

옛 책에서 전하는 내용에 따르면, 어떤 ¹**사신**이 한밤중에 길을 걷다가 한 집에 커다란 별이 떨어지는 것을 보았어요. 별이 떨어진 집에서 아기가 태어났고, 그 아기가 바로 강감찬 장군이었지요. 강감찬은 과거 시험에 ²**장원** 급제하고, 여러 벼슬의 자리를 거쳤어요.

당시 고려는 거란이 세운 요나라의 간섭과 침략으로 골치를 앓고 있었어요. 거란 장수 소배압이 10만이나 되는 대군을 이끌고 쳐들어온 3차 침입에서 강감찬은 고려군의 대장을 맡았지요.

강감찬은 거란군이 흥화진에 도착하기 전, 소가죽으로 미리 강물을 막아 두었습니다. 물이 말랐다고 안심한 거란군이 들어서자, 고려군은 막았던 물을 터트렸지요. 거란군은 *혼비백산 물에 떠내려갔고, 간신히 물 밖으로 나온 거란군들도 숨어 있던 고려군에게 ³**혼쭐이 났**습니다.

강감찬 장군의 군사들은 ⁴**후퇴하던** 거란군을 귀주에서 큰 전투로 완전히 물리쳤고, 이후 고려에는 평화로운 시기가 찾아왔답니다.

위인 강감찬 **시대** 고려
출생-사망 948~1031년 **직업** 장군

오늘의 사자성어

魂 넋 혼
飛 날 비
魄 넋 백
散 흩을 산

혼백이 날아다니고 흩어진다는 뜻으로, **몹시 놀란 나머지 넋을 잃을 정도**임을 말해요.

교과서 속 오늘의 낱말

1 **사신** 임금이나 국가의 명령을 받고 외국에 사절로 가는 신하예요.

2 **장원** 과거에 첫째로 급제함. 또는 급제한 사람을 뜻하는 말이에요.

3 **혼쭐나다** 몹시 혼난다는 뜻이에요.

4 **후퇴하다** 뒤로 물러나거나 기운이 약해지는 모습을 가리켜요.

퀴즈! 꼭 알고 가기 강감찬

1. 강감찬 장군이 소가죽으로 강물을 막았다 터트리는 전략으로 거란군을 혼쭐낸 전투는 무엇인가요?

   ① 한산도 대첩
   ② 봉오동 전투
   ③ 흥화진 전투
   ④ 귀주 대첩

2. 다음 문장에 어울리는 낱말을 적으세요.

   옛날 과거 시험에서 첫째로 급제한 ☐☐ 에게 어사화를 주었어요.

 p. 218

#스무 번째 위인

싸우지 않고 이긴
외교 전략가 서희

북방에서 힘을 키운 거란족은 요나라를 세워 고려를 노렸어요. 당시 고려는 거란과 친하게 지내지 않고, 송나라와 ¹**화친**을 맺고 있었지요.

결국 거란의 장수 소손녕이 80만이 넘는 대군을 거느리고 우리나라의 ²**압록강**을 넘어왔습니다. 이 소식을 들은 성종 왕은 매우 놀라 소손녕에게 친하게 지내려는 뜻을 보였습니다. ³**거만해진** 소손녕은 이때다 싶었는지 고려 왕이 직접 와서 항복을 하라는 등의 무례한 요구를 시작했어요.

고려 왕실의 많은 신하들이 거란에 땅을 주고 화해하자고 했지만, 서희는 좀 더 기다려 보자고 했어요. 싸움을 건 소손녕은 정작 고려군에게 지고 말았으니 서희의 말을 듣길 잘했지요.

한풀 꺾인 소손녕은 성종의 뜻을 받아들여 ⁴**회담**을 제안했어요. 서희는 *고시활보의 당당한 태도로 회담에 임했지요. 결국 서희의 외교로 고려는 땅을 빼앗기기는커녕, 송나라와 거란의 관계를 이용하여 ⁵**강동 6주**를 소손녕에게서 가져왔답니다.

위인 서희　　**시대** 고려
출생-사망 942~998년　　**직업** 외교가

오늘의 사자성어

高 높을 고
視 볼 시
闊 트일 활
步 걸음 보

높은 곳을 바라보며 성큼성큼 걷는다는 뜻으로, **기개가 매우 뛰어남**을 비유해요.

교과서 속 오늘의 낱말

1 **화친**   나라와 나라 사이에 다툼 없이 가까이 지냄을 뜻해요.

2 **압록강**   우리나라와 중국과의 경계를 이루는 강으로, 백두산에서 시작하여 황해로 흘러들어요.

3 **거만하다**   잘난 체하며 남을 업신여기는 태도를 의미해요.

4 **회담**   어떤 문제에 대해 관련된 사람들이 한자리에 모여 토의하는 거예요.

5 **강동 6주**   압록강과 청천강 사이의 6개 지역이에요.

 꼭 알고 가기 **서희**

1. 다음 중 거란족이 세운 나라의 이름은 무엇인가요?

    ① 송나라

    ② 요나라

    ③ 당나라

    ④ 원나라

2. 다음 문장에 어울리는 낱말을 적으세요.

    ☐☐☐ 은 백두산에서 시작하여 황해로 흐르며 중국과의 경계를 이루는 강이다.

#스물한 번째 위인

거란에 맞서 고려를 지킨
양규

양규는 고려 전기에 활약한 무신으로, 거란의 침략으로부터 국방을 튼튼히 한 뛰어난 장군이에요.

목종 때 형부낭중이라는 **¹벼슬**에 올랐으며, 현종이 즉위하자마자 고려에 직접 쳐들어온 거란 왕 성종의 군사들과 맞서 흥화진에서 **²전투**를 벌였습니다. 거란군에 둘러싸인 상황에서도 포기하지 않고, 끝까지 항복 권유를 물리쳤지요.

포위를 푼 거란군이 점점 남쪽으로 오면서 계속 항복을 권했으나, 양규와 군사들은 고려 군사들을 재정비해 *사생결단으로 거란군을 공격했어요. 결국 성을 되찾고, 포로가 된 고려 백성들을 구했답니다.

이후 1011년 수도 개경이 함락되고 나주까지 고려인들이 **³피란**을 가기도 했으나, 거란과의 **⁴교섭**에 성공해 군사들이 물러가게 되었어요. 이때도 양규는 여러 차례 거란군이 돌아가는 길을 지키고 있다가 고려인 포로들을 구하는 등 많은 공을 세웠습니다.

위인 양규 **시대** 고려
출생-사망 ?~1011년 **직업** 장군

오늘의 사자성어

死 죽을 사
生 살 생
決 결단할 결
斷 끊을 단

죽고 사는 것을 돌보지 않고 끝장을 본다는 뜻으로, **목숨을 걸 만큼의 각오로** 임하는 자세를 말해요.

교과서 속 오늘의 낱말

1 벼슬   관아에 나가서 나랏일을 맡아 다스리는 자리. 또는 그런 일이에요.
2 전투   두 편의 군대가 조직적으로 무장하여 싸우는 것을 의미해요.
3 피란   난리를 피하여 옮겨 감을 뜻해요.
4 교섭   어떤 일을 이루기 위하여 서로 의논하고 조절함을 가리켜요.

 꼭 알고 가기 **양규**

1. 목숨을 걸 만큼의 각오를 나타내는 사자성어는 무엇인가요?

  ① 사필귀정
  ② 사생결단
  ③ 사면초가
  ④ 사고무친

2. 다음 문장에 어울리는 낱말을 적으세요.

  6·25 전쟁 당시 북한으로 끌려간 국군 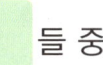 들 중 현재까지도 억류되어 계신 분들이 있다.

정답 p. 219

#스물두 번째 위인

정변을 일으켜 무단 정치 시대를 열었던
정중부

고려의 귀족에는 학문과 글쓰기를 통해 뽑힌 문신과, 무술과 무예를 통해 뽑힌 무신이 있었어요. 문신과 무신 모두 중요한 역할을 맡은 신하인데, 문신들 중 무신들을 깔보고 무시하는 사람들이 많았어요.

대궐에서 행사를 열던 중 바람이 불어와 촛불이 꺼져, [1]**연회장**이 캄캄해졌어요. 어둠을 틈타 이제 막 문신이 된 김돈중이 무신 정중부의 수염에 촛불을 갖다 댔어요. 수염이 탄 정중부는 많은 사람들 앞에서 웃음거리가 되었고, [2]**모욕감**에 김돈중의 뺨을 쳤습니다.

안 그래도 무신들이 문신에 비해 [3]**차별**을 당하여 불만이 많던 시기였어요. 왕과 문신들이 잔치를 벌이고 즐기는 동안 무신들은 보초를 서고 심부름을 해야 했지요. 정중부는 *와신상담 꾹 참고 복수의 칼날을 갈았습니다.

결국 정중부와 무신들은 반란을 일으켜 문신들을 [4]**처단하고**, 왕을 먼 곳으로 귀양 보내기까지 했어요. 무신 정권의 강압적인 정치는 약 100년간 계속되었지요.

위인 정중부   **시대** 고려
출생-사망 1106~1179년   **직업** 무신

오늘의 사자성어

臥 누울 와
薪 땔나무 신
嘗 맛볼 상
膽 쓸개 담

땔감 위에 누워서 쓸개 맛을 본다는 뜻으로, **마음먹은 바를 이루기 위해 온갖 괴로움을 참고 견디는 자세를** 나타내요.

교과서 속 오늘의 낱말

1 **연회장** 연회를 차린 장소를 말해요. 연회란 여러 사람이 모여 베푸는 잔치를 의미하지요.

2 **모욕감** 깔보고 욕되게 하는 행동을 당한 느낌을 뜻해요.

3 **차별** 등급이나 수준 따위의 차이를 두어서 구별함을 가리켜요.

4 **처단하다** 결단을 내려 처치하거나, 지시를 내려 결정한다는 뜻이에요.

 꼭 알고 가기 **정중부**

1. 고려 무신들의 반란에 알맞은 속담은 무엇인가요?

   ① 방귀 뀐 놈이 성낸다

   ② 코에 걸면 코걸이 귀에 걸면 귀걸이

   ③ 원님 덕에 나팔 분다

   ④ 지렁이도 밟으면 꿈틀한다

2. 다음 문장에 어울리는 낱말을 적으세요.

    의 자세로 도전하여 힘든 시기를 극복하고 목표를 이루었다.

p. 219

#스물세 번째 위인

우리나라 최초의 화약을 만든
최무선

고려 후기 충정왕 즉위 후, 섬나라 **¹왜구**들의 세력이 점점 커지고 있었어요. 왜구들은 고려인들을 괴롭히고, 곳곳에서 **²노략질**을 일삼았지요. 세금으로 걷은 곡식을 싣고 가는 고려의 배를 공격하고 물자를 훔치는 일까지, **³횡포**가 이만저만이 아니었습니다.

최무선의 아버지가 바로 세금으로 걷은 곡식을 보관하는 창고의 관리였어요. 최무선은 어릴 때부터 고려 백성들이 왜구 때문에 힘들어하는 모습을 지켜보며 생각했지요.

'저놈들을 쫓아낼 강력한 무기를 만들어야겠다!'

최무선은 중국에서 사용하고 있던 화약과 **⁴화포**에 관심을 가졌어요. 당시 우리나라에는 화약을 만들 수 있는 기술이 없었답니다. 최무선은 물어물어 원나라 사람을 찾아가 만드는 법을 배웠고, 실험을 반복했어요.

＊**일념통천**이었는지 최무선은 화약을 만드는 데 성공했고, 화통도감이라는 기관을 설치해 화약과 화포를 만들었어요. 이후 왜구를 물리치는 데 큰 역할을 했답니다.

위인 최무선　　**시대** 고려
출생-사망 1325~1395년　**직업** 발명가, 장군

오늘의 사자성어

一 하나 일
念 생각할 념
通 통할 통
天 하늘 천

온 마음을 기울이면 하늘을 감동시킨다는 의미예요.

교과서 속 오늘의 낱말

1 **왜구** 13세기부터 16세기까지 우리나라의 바닷가에 침입해 약탈을 일삼던 일본 해적이에요.

2 **노략질** 떼를 지어 돌아다니며 사람을 해치거나 재물을 강제로 빼앗는 짓이에요.

3 **횡포** 제멋대로 굴며 몹시 난폭하게 구는 행동이에요.

4 **화포** 대포와 같이 화약의 힘으로 탄환을 내쏘는 대형 무기를 의미해요.

퀴즈! 꼭 알고 가기 최무선

1. 최무선이 화약과 화포를 생산하기 위해 설치한 관아의 이름은 무엇인가요?

   ① 동물도감
   ② 화통도감
   ③ 식물도감
   ④ 조류도감

2. 다음 문장에 어울리는 낱말을 적으세요.

   날씨가 좋길 밤새 빌었더니 ☐☐☐☐ 이었는지,

   거짓말처럼 오늘은 태풍이 잠잠하다.

정답 p. 219

#스물네 번째 위인

몽골에 맞서 삼별초 항쟁을 주도한
배중손

배중손은 고려 무신 정권 때의 장군이에요. 삼별초라는 부대에 **¹소속된** 군인이었지요. 삼별초는 오늘날로 치면 경찰 겸 군인의 임무를 수행하는 조직이었답니다.

당시 고려는 몽골의 침략에 대항하기 위해 강화도로 수도를 옮겼다가, 몽골과 친하게 지내는 정책을 추진했던 왕 원종의 명령에 따라 수도를 다시 개경으로 **²복귀하기로** 했었어요.

원종의 결정은 전쟁을 끝내고 고려를 지키려는 현실적인 생각이었어요. 하지만 몽골의 침략에 맞서 용맹하게 싸우던 삼별초 군사들의 입장에서는 *성하지맹에 불과한, 받아들일 수 없는 **³굴욕적인** 명령이었습니다.

배중손과 삼별초 군사들은 강화도에서 물러나기를 거부하고 반란을 일으켰습니다. 정부를 세우고 진도를 기지 삼아 3년 동안 몽골에 맞서 **⁴장기전**을 이어 갔어요. 몽골군에 진도가 함락되고 배중손도 전사했다고 전해져요. 남은 삼별초 군인들은 제주도로 옮겨 계속 저항 운동을 펼쳤답니다.

위인 배중손　　**시대** 고려
출생-사망 ?~1271년　　**직업** 장군

오늘의 사자성어

城 성 성
下 아래 하
之 어조사 지
盟 맹세 맹

성 밑까지 쳐들어온 적군과 맺는 굳게 맹세한 약속이라는 뜻으로, **항복한 나라가 적국과 맺는 치욕적 화친**을 뜻합니다.

교과서 속 오늘의 낱말

1 **소속되다** 일정한 단체나 기관에 딸리게 된다는 뜻이에요.

2 **복귀하다** 원래의 자리나 상태로 되돌아간다는 의미예요.

3 **굴욕적인** 굴욕을 당하거나 느끼게 하는 상황을 가리켜요.

4 **장기전** 오랜 기간에 걸쳐 싸우는 전쟁이에요. 해결하는 데 시간이 오래 걸리는 일을 비유하기도 해요.

퀴즈! 꼭 알고 가기 배중손

1. 고려가 몽골에 침략에 대항하기 위해 옮긴 수도는 어디인가요?

   ① 제주도
   ② 울릉도
   ③ 강화도
   ④ 흑산도

2. 다음 문장에 어울리는 낱말을 적으세요.

   배중손과 ☐☐☐ 군사들은 몽골에 끝까지 저항해 싸웠어요.

 p. 219

#스물다섯 번째 위인

수많은 저서에 우리 역사의 자취와 민족의 자부심을 남긴 이규보

이규보는 아홉 살 때 글을 잘 쓰는 **¹신동**으로 알려질 정도로 글재주가 남달랐어요. 열네 살에는 최충이 설립한 구재학당 중 하나인 성명재에 들어가 글공부를 했지요.

그러나 웬일인지 과거 시험을 앞두고는, 시험에서 제출해야 하는 글은 형식적이라며 무시하더니 몇 번이나 떨어지고 말았어요. 네 번째에 급제하긴 했지만 바로 벼슬길에 오르지 못했고요. 무신 정권의 권력자들은 자기들에게 충성할 사람들만을 가려서 벼슬을 주곤 했거든요. 결국 이규보는 산으로 들어가 책을 쓰며 한동안 지냈어요.

「동명왕편」, 「국선생전」, 「백운거사전」 등 수많은 뛰어난 글을 썼고 특히 「동명왕편」은 고구려의 건국 **²신화**를 주제로, 우리가 잘 알고 있는 주몽의 이야기를 **³장대한** 서사시로 그려 내고 있어요.

이후에는 벼슬을 얻기 위해 당시 무신 정권의 우두머리인 최충헌을 찬양하는 시를 짓고, 무신 정권이 필요로 하는 글을 **⁴두루** 썼어요. 이에 대해 *교언영색 가득한 아부성 문인이라는 평가도 있답니다.

위인 이규보 **시대** 고려
출생-사망 1168~1241년 **직업** 문인

오늘의 사자성어

巧 공교할 교
言 말씀 언
令 하여금 영
色 빛 색

말을 교묘하게 하고 얼굴빛을 꾸며대는 모습 즉, **아첨하는 말과 알랑거리는 태도**를 의미해요.

교과서 속 오늘의 낱말

1 **신동** 재주와 슬기가 남달리 뛰어난 아이예요.

2 **신화** 고대인의 생각이 반영된 신성한 이야기를 의미해요.

3 **장대하다** 규모가 넓고 크다. 또는 일이 크게 벌어져 거창하다는 뜻이에요.

4 **두루** 빠짐없이 골고루를 가리켜요.

 꼭 알고 가기 **이규보**

1. 고구려를 세운 주몽의 이야기를 기록한 책의 이름은 무엇인가요?

   ① 동명왕편
   ② 매천야록
   ③ 징비록
   ④ 연려실기술

2. 다음 문장에 어울리는 낱말을 적으세요.

   지도자는 ☐☐☐☐ 을 멀리하고, 충신의 직언에 귀 기울여야 한다.

 p. 219

 #스물여섯 번째 위인

고려의 뛰어난 시인
정지상

"¹**대동강** 푸른 물이 이별의 눈물로 마르는 날 없구나……!"

대동강변의 정자 부벽루에 걸린 정지상의 이별 시 「송인」을 읊으며 사람들은 눈물이 그렁그렁했어요. 중국 사신들마저 *금심수구라 칭하며 극찬할 정도였지요. 심지어, 「송인」은 정지상이 소년 시절 지었답니다.

우리 문학의 역사에서, 감정이나 정서를 표현하는 서정시 분야의 위대한 시인을 꼽자면 정지상을 빼놓을 수 없어요. 「송인」 뿐 아니라 「대동강」, 「백률사」 등의 시가 여러 선집에 실려 전해지며 정지상은 고려 12시인 중 한 명으로 꼽히지요.

정지상은 문학뿐 아니라 주역 해석과 불교에도 ²**조예**가 깊었고 ³**매화**를 잘 그렸다는 기록도 있어요. 예술적 감각이 뛰어난 사람이었을 것으로 생각되는 반면, 정치가로서는 ⁴**난관**도 많았어요.

수도를 오늘날의 평양에 해당하는 서경으로 옮길 것을 주장했던 정지상은 김부식의 개경 세력과 ⁵**대립하게** 되었고, 그들에게 패하여 세상을 떠났답니다.

위인 정지상　　**시대** 고려
출생-사망 ?~1135년　　**직업** 시인, 정치가

오늘의 사자성어

錦 비단 금
心 마음 심
繡 수 수
口 입 구

비단 같은 마음과 수놓은 듯한 입이라는 뜻으로, **글 짓는 재주가 뛰어난 사람을 칭찬하는 표현**이에요.

교과서 속 오늘의 낱말

1 **대동강** 평양에 있는 강으로, 동백산, 소백산에서 시작하여 황해로 흘러 들어가요.

2 **조예** 학문이나 예술, 기술 등의 분야에 대한 지식이나 경험이 깊음을 뜻해요.

3 **매화** 봄에 피는 매실나무의 꽃이에요.

4 **난관** 일을 하면서 부딪히는 어려운 고비를 말해요.

5 **대립하다** 의견이나 처지, 속성 따위가 서로 반대되거나 모순된다는 의미예요.

 꼭 알고 가기 **정지상**

1. 평양을 지나 흐르며, 정지상의 시 「송인」에 등장하는 강은 무엇인가요?

   ① 두만강
   ② 한강
   ③ 대동강
   ④ 섬진강

2. 다음 문장에 어울리는 낱말을 적으세요.

   정지상은 고려 전기에 수도를 옮기느냐의 문제로 ☐☐☐과 대립했어요.

 p. 219

#스물일곱 번째 위인

노예 해방 운동으로
평등한 세상을 꿈꾼 만적

"¹왕후장상의 씨가 따로 있다더냐! 다 똑같은 사람이다. 왜 누구는 *주지육림에서 ²신선놀음이고 우리는 뼈 빠지게 일하고도 ³천대만 받느냔 말이다!"

만적의 우렁찬 호소에 노비들이 "옳소!" 하며 박수를 쳤어요.

태어난 신분에 따라 일생을 살아야 했던 고려 사회에서, 노비는 한평생 차별받고 일만 해야 했습니다. 부당하고 억울한 일을 당해도 그저 참을 수밖에 없었고요.

정중부가 일으킨 무신 정변 이후로, 낮은 신분이지만 출셋길에 나아가는 사람들이 생겼어요. 이들을 보며 노비 만적은 자신도 차별을 극복하고 성공할 수 있다는 꿈을 꾸었어요.

만적은 수백 명의 노비들을 모아 큰일을 일으키기로 계획했어요. 흥국사에서 난을 일으키고 노비 문서를 불태우기로 했지요. 한 노비가 몰래 주인에게 일러바치는 바람에 ⁴수포로 돌아갔지만, 누구나 귀하고 평등하다는 만적의 저항 정신은 오늘날까지 이어지고 있답니다.

위인 만적 **시대** 고려
출생-사망 ?~1198년 **직업** 혁명가

오늘의 사자성어

酒 술 주
池 연못 지
肉 고기 육
林 수풀 림

술이 연못과 같이 넘치고, 고기가 숲을 이룰 지경이란 뜻으로, **호화로운 잔치를** 나타내요.

교과서 속 오늘의 낱말

1 **왕후장상** 제왕·제후·장수·재상을 아울러 이르는 말이에요.

2 **신선놀음** 근심 걱정이라고는 없이 즐겁고 평안하게 지내는 생활을 의미해요.

3 **천대** 업신여기어 천하게 대우하거나 푸대접함을 뜻해요.

4 **수포로 돌아가다**
수포는 물거품을 뜻해요. 수포로 돌아갔다는 말은 곧 물거품이 되고 말았다, 노력이 헛되이 돌아갔다는 뜻이에요.

 꼭 알고 가기 **만적**

1. 만적의 난은 왜 좌절되었나요?
   ① 만적의 마음이 바뀌어서
   ② 노비도 출세할 수 있게 제도가 바뀌어서
   ③ 노비 문서가 모두 타 버려서
   ④ 한 노비가 주인에게 일러바쳐서

2. 다음 문장에 어울리는 낱말을 적으세요.

   ☐ ☐ 는 옛날 신분제 사회의 가장 하층 신분이었어요.

 p. 219

#스물여덟 번째 위인

우리나라에서 가장 오래된 역사책 삼국사기를 편찬한 **김부식**

김부식은 고려 시대의 학자이자 정치가로, 신라 무열왕의 후손으로 알려져 있어요.

김부식은 지식과 학문에 두루 *박학다식했어요. 그중에서도 공자의 가르침을 담은 ¹**유학** 실력이 뛰어났지요. 정치에 있어서도 유교 사상을 중하게 여겨, 문신들의 중심으로 활동했어요.

직접 군사를 거느리고 군 전체를 ²**통솔하여** '묘청의 난'을 진압하였고, 공을 인정받아 높은 관직들을 여럿 거쳤어요. '묘청의 난'은 승려 묘청 등이 사회적 혼란을 틈타 개경에서 서경으로 수도를 옮기자고 주장하며 일으킨 반란이었어요.

벼슬에서 물러난 후에는 고구려, 백제, 신라 세 나라의 역사를 50권의 책으로 써서 왕에게 바쳤어요. 바로 「삼국사기」예요. 수많은 자료들을 모으고 분석해서, ³**삼국 시대의** 역사를 체계적으로 정리한 ⁴**역사책**이었죠.

덕분에 오늘날 우리는 고구려, 백제, 신라의 역사를 자세하게 알 수 있답니다.

위인 김부식 **시대** 고려
출생-사망 1075~1151년 **직업** 학자, 정치가

66

오늘의 사자성어

博 넓을 박
學 배울 학
多 많을 다
識 알 식

배움이 넓고 많이 안다
즉, **학식이 풍부하고 아는 게 많다**는 뜻이에요.

교과서 속 오늘의 낱말

1 **유학** 　 중국의 공자로부터 시작된 전통적인 학문이에요.

2 **통솔하다** 　 무리를 거느려 다스린다는 의미예요.

3 **삼국 시대** 　 4세기 초에서 7세기 중엽까지 고구려, 백제, 신라의 세 나라가 맞서 있던 시대입니다.

4 **역사책** 　 역사를 기록한 책을 가리켜요.

 꼭 알고 가기 **김부식**

1. 김부식이 집필한 역사책의 이름은 무엇인가요?

　① 삼국유사

　② 삼국사절요

　③ 삼국사기

　④ 구삼국사

2. 다음 문장에 어울리는 낱말을 적으세요.

　너는 다방면으로 모르는 게 없네. 정말 ☐☐☐☐ 하구나.

 #스물아홉 번째 위인

조계종을 일으킨
보조 국사 지눌

우리나라의 역사를 통틀어 고려 시대는 어느 때보다 불교를 중요하게 여긴 때였어요. 태조 왕건 이래로 공식적인 국가 종교가 불교였고, 승려의 **¹지위**도 대단히 높았습니다. 뛰어난 승려는 나라의 스승, 왕의 스승으로 임명되어 큰 존경을 받았지요.

지눌은 여덟 살에 승려가 되어 *불철주야 열심히 불법을 닦고 스물다섯에 승려들의 과거 시험인 승과에 합격했습니다. 「육조단경」을 지은 당나라 혜능 스님의 사상에 감명을 받고, 마음속 스승으로 삼았다고 해요.

불교는 크게 **²경전**을 중시하는 교종과 **³참선**을 중시하는 선종으로 나뉘어요. 당시 교종과 선종은 서로 헐뜯고 싸우기도 했어요. 수행보다는 재산을 늘리는 데 열중하는 승려도 있었고요.

지눌은 고려 불교계를 **⁴개혁하기** 위한 글을 발표했어요. 선종을 중심으로 교종과의 통합을 시도하여 우리나라 불교의 가장 큰 종파인 조계종을 발전시켰답니다.

위인 지눌 **시대** 고려
출생-사망 1158~1210년 **직업** 승려

오늘의 사자성어

不 아닐 **불**
撤 거둘 **철**
晝 낮 **주**
夜 밤 **야**

어떤 일에 몰두하여 밤낮을 가리지 않는다 즉, **조금도 쉴 사이 없이 힘쓰는 모습을** 가리켜요.

교과서 속 오늘의 낱말

1 **지위**   개인의 사회적 신분에 따르는 위치나 자리를 뜻해요.

2 **경전**   종교의 교리를 적은 책을 의미해요.

3 **참선**   깨달음을 얻기 위해 자신의 본성을 살피는 수행법이에요.

4 **개혁하다**   제도나 기구 등을 새롭게 뜯어고친다는 뜻이에요.

퀴즈! 꼭 알고 가기 **지눌**

1. 지눌이 선종을 중심으로 교종과 통합하여 발전시킨 불교 종파는 무엇인가요?

   ① 천태종
   ② 조계종
   ③ 태고종
   ④ 진각종

2. 다음 문장에 어울리는 낱말을 적으세요.

   고려 시대에 가장 번성했던 종교는 ☐☐ 입니다.

정답 p. 219

우리나라에 처음으로 천태종을 연 대각 국사 의천

불교가 ¹융성했던 고려 시대에는 왕족과 귀족 ²가문 출신들이 승려가 되는 일도 많았어요. 고려 제11대 왕인 문종의 넷째 아들로 태어난 의천도 그러했답니다.

어느 날 문종이 자식들을 불러 모아 놓고, 누가 나라와 왕실을 위해 ³**출가하겠느냐**고 물었어요. 그랬더니 열한 살밖에 안 된 의천이 스스로 나서 스님이 되기로 한 거예요.

의천은 30세에 송나라에서 유학하며 천태종을 공부했습니다. 송나라에서 여러 사찰의 스님들과 토론하고, 보고 들으며 지식을 넓혔지요. 유학을 마친 의천은 불교 서적 3,000여 권을 가지고 왔다고 해요.

고려에 돌아온 의천은 *수불석권하며 많은 불교책에 적힌 사상과 ⁴교리를 정리하고, 체계를 잡는 데 몰두했어요. 경전을 중시하는 교종을 중심으로, 참선을 중시하는 선종을 ⁵**아우르며** 해동 천태종을 만들었어요.

위인 의천 **시대** 고려
출생-사망 1055~1101년 **직업** 승려

오늘의 사자성어

手 손 수
不 아닐 불
釋 풀 석
卷 책 권

손에서 책을 놓지 않는다는 뜻으로, **늘 손에 책을 들고 글을 읽는다**는 의미예요.

교과서 속 오늘의 낱말

1 **융성하다** 기운차게 일어나거나 대단히 번성한다는 의미예요.
2 **가문** 가족 또는 가까운 일가로 이루어진 공동체를 가리켜요.
3 **출가하다** 세속의 인연을 버리고 수행 생활에 들어간다는 뜻이에요.
4 **교리** 종교적인 원리나 이치. 각 종교의 종파가 진리라고 정한 체계를 말해요.
5 **아우르다** 여럿을 모아 한 덩어리나 한 판이 되게 하는 거예요.

 꼭 알고 가기 **의천**

1. 다음 중 의천과 관련하여 <u>틀린</u> 설명을 고르세요.

   ① 해동 천태종을 창시했어요.
   ② 낮은 신분으로 태어났지만 훌륭한 승려가 되었어요.
   ③ 송나라로 유학을 다녀왔어요.
   ④ 3천여 권에 이르는 불교 서적을 고려로 가지고 왔어요.

2. 다음 문장에 어울리는 낱말을 적으세요.

   속세를 떠나 승려가 되어 수행 생활에 들어가는 것을 ☐☐ 한다고 해요.

정답 p. 219

서른한 번째 위인

왜구를 격퇴하고 대마도를 정벌한
이종무

이종무는 고려 말에서 조선 초에 활동한 무신이에요. 주로 바다에서 적을 ¹**소탕한** 공을 인정받은 기록이 남아 있지요. 이종무는 어려서부터 활쏘기와 말타기를 잘했다고 해요.

당시 우리나라의 해안에는 왜구들이 몰래 들어와 해적질을 하는 일이 잦았어요. 해적들은 바닷가에 쳐들어와 우리나라 사람들을 괴롭히고, 곡식을 빼앗는 등 못된 짓을 일삼았어요.

이종무는 14세의 나이에 강원도에 침입한 왜구를 물리쳤고, 태조 6년에 서해안에서도 공을 세웠어요.

세종대왕이 즉위하고 이종무는 ²**특명**을 받았습니다. 바로 왜구 ³**소굴** 대마도를 공격하여 우리나라에 다시는 침입하지 못하도록 본때를 보여 주라는 거였어요.

이종무는 전함 227척을 거느리고 정벌군을 지휘해 대마도에 ⁴**상륙했고**, 우글거리는 해적들을 *일망타진 휩쓸어 없애며 큰 승리를 거두었어요.

위인 이종무 **시대** 조선
출생-사망 1360~1425년 **직업** 장군

오늘의 사자성어

一 한 일
網 그물 망
打 칠 타
盡 다할 진

한 번 그물을 쳐서 고기를 다 잡는다는 뜻으로, **어떤 무리를 한꺼번에 모조리 다 잡음**을 이르는 말이에요.

교과서 속 오늘의 낱말

1 **소탕하다** 휩쓸어 죄다 없애 버린다는 뜻이에요.
2 **특명** 특별히 내린 명령이에요.
3 **소굴** 나쁜 짓을 하는 무리가 활동의 본거지로 삼고 있는 곳이에요.
4 **상륙하다** 배에서 육지로 오른다는 의미예요.

 꼭 알고 가기 **이종무**

1. 다음 중 세종대왕의 특명을 받아 이종무가 해적을 소탕한 섬은 어디인가요?

   ① 제주도
   ② 독도
   ③ 오동도
   ④ 대마도

2. 다음 문장에 어울리는 낱말을 적으세요.

   경찰은 끈질긴 추적 끝에 범죄자들을 ☐☐☐☐ 체포하는 데 성공했다.

서른두 번째 위인

일편단심 목숨 바친
고려의 충신 정몽주

　정몽주는 고려 말의 성리학자로, 과거 시험의 세 단계에서 모두 장원을 차지할 만큼 학식이 뛰어났어요. 당시 성리학은 송나라에서 들어온 [1]**최신** 학문이었는데, 정몽주의 해석이 성리학의 정통 해설과 들어맞아 많은 사람들이 [2]**감탄했지요**.

　정몽주는 대학자일 뿐 아니라, 관료로서 정치·외교에도 뛰어났습니다. 기울어가는 고려를 바로잡아 다시 한번 일으키고자, 새로운 법과 제도를 만들어 규율을 세우는 데에도 힘썼지요. 하지만 이성계와 정도전 등 새 나라를 세우려는 [3]**세력**의 힘이 점점 강해졌습니다. 그들은 정몽주를 같은 편으로 만들고 싶어 했지만, 정몽주는 이성계의 아들 이방원에게 「단심가」로 고려에 대한 *불사이군의 [4]**충심**을 전했어요.

이 몸이 죽고 죽어
일백 번 고쳐 죽어
백골이 진토되어
넋이라도 있고 없고
임 향한 일편단심이야
가실 줄이 있으랴

　이방원은 부하를 보내 [5]**철퇴**로 정몽주를 죽였어요. 지금도 개성의 선죽교에 정몽주의 핏자국이 남아 있다는 이야기가 전해져요.

위인 정몽주　　**시대** 고려
출생-사망 1337~1392년　**직업** 학자, 정치가

오늘의 사자성어

不 아닐 불
事 일 사
二 두 이
君 임금 군

두 임금을 섬기지 않음 즉, 원래 임금을 부당하게 해치고 새롭게 왕좌에 오른 자를 섬기지 않는다는 뜻이에요.

교과서 속 오늘의 낱말

1 **최신** 가장 새로움을 뜻해요.
2 **감탄하다** 마음속 깊이 느끼어 탄복함을 의미해요.
3 **세력** 권력이나 기세의 힘을 말해요.
4 **충심** 충성스러운 마음이에요.
5 **철퇴** 쇠로 만든 몽둥이예요.

 꼭 알고 가기 **정몽주**

1. 다음 중 정몽주의 충심을 담은 시의 이름은 무엇인가요?

   ① 하여가

   ② 단심가

   ③ 흥부가

   ④ 심청가

2. 다음 문장에 어울리는 낱말을 적으세요.

   남북 분단으로 개성 ☐ ☐ 의 정몽주 흔적을 직접 볼 수 없어 아쉽다.

 p. 219

\# 서른세 번째 위인

우리 백성들이 따뜻한 솜옷을 입을 수 있게 한
문익점

　많은 사람들이 지금처럼 여러 가지 ¹옷감을 이용하여 날씨에 따라 옷을 갖춰 입게 된 지는 그리 오래되지 않았어요. 고려 시대만 해도 왕족이나 귀족들이나 비단옷을 입을 수 있었고, 대부분의 백성들은 식물의 껍질에서 얻은 ²모시나 ³삼베로 옷을 지어 입었지요. 모시나 삼베는 바람이 숭숭 통했기 때문에, 추운 겨울에는 오들오들 떨어야 했어요.

　원나라에 사신으로 가 있던 고려의 문신 문익점은 어느 날 들판에 하얗고 포근해 보이는 열매가 한가득 열린 모습을 보았어요. 처음 보는 식물이었기에 원나라 사람에게 저게 뭐냐고 물어보았답니다.

　"하얀 솜 열매가 맺히면, 실을 뽑아 천을 짜고 그 안에 솜을 두툼히 넣어 옷을 만드는 겁니다. *엄동설한에도 따뜻하지요."

　문익점은 목화씨를 ⁴붓대 속에 숨겨 고려에 가져왔어요. 장인어른과 함께 지극정성 가꾸어 목화를 기르는 데 성공했고, 고려인들은 겨울에 따뜻한 솜옷을 입을 수 있게 됐어요.

위인 문익점　　　　**시대** 고려
출생-사망 1329~1398년　**직업** 사신, 학자

오늘의 사자성어

嚴 엄할 엄
冬 겨울 동
雪 눈 설
寒 찰 한

매서운 겨울에 눈이 차갑다
즉, **눈 내리는 깊은 겨울의 심한 추위**를 가리켜요.

교과서 속 오늘의 낱말

1 **옷감** 옷을 짓는 데 쓰는 천을 말해요.
2 **모시** 모시풀 껍질의 섬유로 짠 천이에요. 베보다 곱고 빛깔이 희며, 여름 옷감으로 많이 쓰여요.
3 **삼베** 삼 껍질에서 뽑아낸 실로 짠 천이에요.
4 **붓대** 붓촉을 박는 가는 대로, 글씨를 쓰거나 그림을 그릴 때 손으로 잡는 부분이에요.

 꼭 알고 가기 **문익점**

1. 문익점은 원나라에 어떤 자격의 신하로 가서 목화를 처음 보았나요?

   ① 충신
   ② 간신
   ③ 사신
   ④ 개국 공신

2. 다음 문장에 어울리는 낱말을 적으세요.

   솜이불, 솜 인형, 솜 베개 모두 ☐ ☐ 의 열매에서 재료를 얻은 거예요.

 p. 219

서른네 번째 위인

교육의 중요성을 깨닫고 수많은 인재를 길러 낸 해동공자 최충

　최충은 어려서부터 글을 잘 쓰고 공부하기를 좋아했어요. 스무 살에 과거에서 장원으로 급제했지요.

　일찌감치 관직에 나아간 최충은 이후로 수십 년 동안 **¹조정**의 중요한 벼슬을 두루 맡았어요. 유능한 관리로서 '문하시중'이라는 고려 최고의 재상 자리까지 오르며 백성들이 든든하게 살 수 있도록 노력했어요. 학문과 글쓰기에 뛰어나 과거 시험의 **²시험관**으로도 일했지요. 조정의 관리를 선발하는 과거 시험에 관여하며, 최충은 교육의 중요성을 깨닫게 되었어요.

　일흔 살에 벼슬에서 물러난 최충은 직접 **³학당**을 열어 학생들을 가르쳤어요. 최충의 구재학당에서 *동문수학한 학생들 중 많은 이들이 과거에 급제하고 벼슬길에 진출했어요.

　자신의 뛰어난 학식과 능력을 많은 젊은이들에게 가르치고 물려준 최충은 해동공자로 **⁴칭송되고** 있지요. 해동은 예전에 우리나라를 이르던 말이니, 최충은 공자에 견주어질 정도로 뛰어남을 인정받았던 거예요.

위인 최충　　　　**시대** 고려
출생-사망 984~1068년　**직업** 정치가, 교육자

오늘의 사자성어

同 같을 동
門 문 문
受 받을 수
學 배울 학

한 스승 밑에서 함께 학문을 배우거나 수업을 받음
즉, **같은 스승에게 가르침을 받은 사이**를 뜻합니다.

교과서 속 오늘의 낱말

1 **조정** 　임금이 나라의 정치를 신하들과 의논하거나 집행하는 곳을 가리켜요.

2 **시험관** 　시험 문제를 내거나 시험 감독을 하며 그 성적을 채점하는 사람이에요.

3 **학당** 　옛날에 한문을 사사로이 가르치던 글방을 말해요.

4 **칭송되다** 　칭찬받아 일컬어짐을 뜻해요.

 꼭 알고 가기 **최충**

1. 학당을 세워 교육에 힘쓴 최충은 무엇이라 칭송받고 있나요?

① 해동증자

② 해동통보

③ 해동공자

④ 해동삼국사

2. 다음 문장에 어울리는 낱말을 적으세요.

최충의 밑에서 ☐☐☐☐ 한 많은 제자들이 과거에 급제했어요.

 p. 219

#서른다섯 번째 위인

고조선부터 삼국 시대의 역사와 다양한 문화를 남긴 일연

일연 스님은 어린 시절부터 불교에 ¹**심취했다고** 해요. 아홉 살의 나이에 절을 찾았고, 열네 살에 ²**정식** 승려가 되었을 정도니까요.

불교의 경전을 읽고 또 읽으며 수행을 계속한 일연은 승려 과거 시험에서 1등으로 합격했습니다. 고려 방방곡곡 여러 절들을 다니며 부처님의 가르침을 전파하고, 제자들을 길러 냈어요. 일연 스님은 나라의 스승 역할을 하는 ³**국사**가 되었고, 불교의 지도자로서 존경받았지요. 왕이며 조정 관리들과 나라의 큰일을 의논하고, 조언을 해 주기도 했어요.

홀로 계신 어머니를 모시기 위해 고향으로 돌아간 일연 스님은 인각사라는 절에 머무르며 우리 역사를 집필했어요. 바로 「삼국유사」였습니다. 삼국유사에는 우리가 잘 아는 고조선의 단군 왕검 신화부터 삼국 시대의 역사에 걸쳐 다양한 ⁴**전설**, 풍속, 문학의 *고사내력이 담겨 있답니다.

위인 일연   **시대** 고려
출생-사망 1206~1289년   **직업** 승려

오늘의 사자성어

故 옛 고
事 일 사
來 올 래
歷 지낼 력

옛일이며 지나온 바 즉, **어떤 사물이나 사건에 대하여 전해 내려오는 유래와 경위**를 가리켜요.

교과서 속 오늘의 낱말

1 **심취하다** 어떤 일이나 사람에 깊이 빠져 마음을 빼앗긴다는 뜻이에요.
2 **정식** 정당한 격식이나 의식을 말해요.
3 **국사** 통일 신라·고려·조선 전기에 조정에서 나라의 스승이 될 만한 승려에게 내리던 칭호예요.
4 **전설** 옛날부터 민간에서 전하여 내려오는 이야기로, 내력이나 유래, 신비한 체험 등을 소재로 삼아요.

퀴즈! 꼭 알고 가기 일연

1. 다음 중 「삼국유사」에 적혀 있지 <u>않은</u> 나라는 어디인가요?

① 고조선

② 신라

③ 조선

④ 고구려

2. 다음 문장에 어울리는 낱말을 적으세요.

불교 국가 고려에서 나라의 스승 ☐☐ 는 매우 존경받는 스님이었어요.

정답 p. 219

#3절

최영

황희 정승

맹사성

장영실

정도전

조헌

김시민

이순신

태조

정종

성삼문

박팽년

이개

하위지

유성원

 김만덕
 이율곡
 이퇴계
 신사임당
 곽재우

 태종
 세종 대왕
 문종
 단종
 세조

 유응부
 김시습
 원호
 이맹전
 조려

 성담수
 남효온
 논개
 권율

서른여섯 번째 위인

황금 보기를 돌같이 한
최영

　최영 장군은 어릴 적부터 몸집이 크고 성격이 ¹**대담했다고** 해요. 문신 집안에서 태어났지만 무예와 병법에 능하여 무신의 길을 가게 되었지요.

　최영 장군은 위험한 전쟁터에서 살다시피 하며 수많은 공을 세웠어요. 북으로는 홍건적을, 남으로는 왜구를 무찌르며 번번이 승리했지요. 나라 안으로도 왕실을 위협하는 세력을 ²**제압하며** 위기를 해결하고요.

　이렇게 이름을 날리고 출세하게 되었지만 최영 장군은 '황금 보기를 돌같이 하라'는 아버지의 말씀을 새기며 오로지 검소하고 ³**강직하게** 생활했습니다. 고려를 지키고 더 좋게 개혁하기 위해 *우국충절로 일할 뿐이었지요.

　하지만 최영 장군은 위화도 회군으로 정권을 빼앗은 이성계에게 ⁴**누명**을 쓰고 처형당하고 말았어요. 위화도 회군은 이성계가 요동 정벌 전쟁을 떠났다가 왕의 명령을 어기고 위화도에서 군사들과 되돌아온 사건이에요. 많은 백성들이 한평생 나라를 사랑한 최영 장군의 억울한 죽음을 안타까워했답니다.

위인 최영　　　　**시대** 고려
출생-사망 1316~1388년　**직업** 장군

오늘의 사자성어

憂 근심 우
國 나라 국
忠 충성 충
節 마디 절

나라를 걱정하고 충성을 다하는 절개라는 뜻으로, **나랏일을 근심하고 염려하는 진정한 마음**을 의미해요.

교과서 속 오늘의 낱말

1 **대담하다** 담력이 크고 겁이 없이 용감하다는 뜻이에요.

2 **제압하다** 위력이나 위엄으로 세력이나 기세 따위를 억눌러서 통제한다는 의미예요.

3 **강직하다** 마음이 꼿꼿하고 곧은 모습을 가리켜요.

4 **누명** 사실이 아닌 일로 이름을 더럽히는 억울한 평판을 말해요.

퀴즈! 꼭 알고 가기 **최영**

1. '황금 보기를 돌같이 하라'는 말의 속뜻은 무엇인가요?

   ① 황금과 돌을 잘 구분하자는 뜻
   ② 재물을 탐내지 말고 강직하게 생활하라는 뜻
   ③ 황금을 훔쳐 가지 못하게 돌 사이에 잘 숨기라는 뜻
   ④ 황금도 어차피 돌의 한 종류라는 뜻

2. 다음 문장에 어울리는 낱말을 적으세요.

   최영 장군은 북쪽의 ☐☐☐, 남쪽의 ☐☐를 물리치며 고려를 지켰어요.

\# 서른일곱 번째 위인

어질고 청렴한 관리
황희 정승

어느 날, 한 ¹**대감**의 집에서 여종 둘이 말다툼을 벌였어요. 한 여종이 대감에게 달려와 일러바치니, 대감은 이야기를 찬찬히 다 듣고 답해 주었어요.

"오냐, 네 말이 맞구나."

그러자 다른 여종이 자기 입장에서 ²**하소연**을 늘어놓았어요. 다 들은 대감은 또 대답을 해 주었지요.

"옳거니, 네 말도 맞다."

옆에서 지켜보던 조카가 나서 한 여종의 말이 옳다면 다른 여종의 말은 틀린 게 아니냐고 했어요. 대감은 웃으며 답했어요.

"듣고 보니 네 말도 옳구나."

이 대감이 바로 조선의 명재상으로 알려진 황희 ³**정승**이에요. 황희 정승은 다툼이 있을 땐 한쪽 말만 듣지 않고 골고루 귀 기울여 ***공명정대**하게 판단했습니다. 20년 가까이 재상의 자리에서 조정을 이끌 정도로 유능한 관리였지요. 공과 사의 구별이 확실하고, ⁴**청렴하게** 생활한 것으로도 이름이 높답니다.

위인 황희 정승 **시대** 조선
출생-사망 1363~1452년 **직업** 정치가

오늘의 사자성어

公 공평할 공
明 밝을 명
正 바를 정
大 큰 대

공정하고 현명하며, 바르고 떳떳하다 즉, **하는 일이나 태도가 아주 정당하고 떳떳한 모습**을 가리켜요.

교과서 속 오늘의 낱말

1 대감   조선 시대에 정2품 이상 벼슬아치를 높여 부르던 말이에요. 벼슬이나 지명 등에 붙여서 불렀답니다.

2 하소연   억울한 일이나 잘못된 일, 딱한 사정 따위를 말하는 거예요.

3 정승   조선 시대에 문하부의 정일품 으뜸 벼슬이에요.

4 청렴하다   성품과 행실이 높고 맑으며, 지나친 욕심이 없다는 뜻이에요.

퀴즈! 꼭 알고 가기 황희 정승

1. 다음 중 황희 정승에 대한 설명으로 <u>틀린</u> 것은 무엇인가요?

   ① 20년 가까이 조선의 재상 자리에서 나랏일을 이끌었어요.
   ② 한쪽 말만 듣기보다는 다양한 입장에 골고루 귀 기울였어요.
   ③ 유능한 관리로서 세금을 걷어 재산을 많이 불렸어요.
   ④ 매사 공명정대하게 판단하고 처리하기 위해 노력했어요.

2. 다음 문장에 어울리는 낱말을 적으세요.

   아무리 친한 사이라도 일을 할 땐 ☐ 과 ☐ 의 구별이 있어야 한다.

정답 p. 219

대쪽보다 곧은
청백리 맹사성

서른여덟 번째 위인

맹사성은 황희 정승과 함께 청백리로 알려진 문신이에요. 청백리란 돈이나 값나가는 물건에 대한 욕심을 부리지 않는, 곧고 깨끗한 관리를 뜻하지요.

맹사성은 예조참판, 이조판서, 우의정 등 높은 관직을 **¹역임하고** 세자가 명나라에 갈 때 **²수행**을 맡기도 했어요. 조정의 나랏일 외에도 여러 방면에 **³업적**을 남겼어요. 「태종실록」을 편찬하고, 지리책인 「신찬팔도지리지」, 시조를 모은 「강호사시가」를 지었지요.

맹사성은 청백리로서 늘 *청렴결백하게 생활했어요. 하루는 어느 마을의 원님이, 맹사성 정승이 지나가기로 한 길에서 기다리던 중이었어요. 그런데 정승 대감은 오지 않고 낡은 옷을 입은 할아버지가 나타나자, 원님은 **⁴엄포**를 놓았습니다.

"정승이 가실 길에 웬 늙은이인가? 이 길은 지나갈 수 없다!"

알고 보니 그 할아버지가 맹사성이었고, 원님은 부끄러워 도망가고 말았지요.

위인 맹사성　　　**시대** 조선
출생-사망 1360~1438년　**직업** 정치가

오늘의 사자성어

淸 맑을 청
廉 청렴할 렴
潔 깨끗할 결
白 흰 백

맑고 청렴하여 아무런 허물이 없이 깨끗함. **마음이 맑고 깨끗하며 탐욕이 없음**을 뜻해요.

교과서 속 오늘의 낱말

1 **역임하다** 여러 직위를 두루 거쳐 지냄을 말해요.

2 **수행** 일정한 임무를 띠고 가는 사람을 따라감. 또는 그러한 사람을 가리켜요.

3 **업적** 어떤 사업이나 연구 등에서 세운 공적을 뜻해요.

4 **엄포** 실속 없이 호령이나 위협으로 으르는 짓을 의미해요.

퀴즈! 꼭 알고 가기 맹사성

1. 다음 중 청백리의 행동으로 어울리지 <u>않는</u> 것을 고르세요.

   ① 지위를 과시하지 않고 누구에게나 겸손하게 대했어요.
   ② 나의 이득보다는 나라와 백성에 이로운가를 우선했어요.
   ③ 평범한 집에서 검소하게 생활했어요.
   ④ 새 옷과 신발이 낡아 보이도록 흙을 묻혔어요.

2. 다음 문장에 어울리는 낱말을 적으세요.

   황희와 맹사성은 대표적인 ☐☐☐ 로 손꼽힙니다.

#서른아홉 번째 위인

조선 최고의 과학자이자 발명가
장영실

장영실은 시간을 자동으로 알려주는 물시계인 '자격루', 그림자의 위치로 몇 시인지 파악하는 해시계 '앙부일구', 별의 위치와 움직임을 관찰하는 '혼천의' 등을 만든 과학자이자 발명가예요. 비가 얼마나 왔는지 재는 '측우기'를 세계 최초로 만들었고요. 조선의 인쇄 기술을 대표하는 금속 [1]**활자**인 '갑인자'를 만드는 데에도 참여했지요.

장영실은 이렇게 많은 업적을 남긴 인물이지만, 정확하게 어디서 어떻게 태어나 자랐는지는 밝혀지지 않은 부분이 많아요. 역사를 적은 실록에 따르면, 장영실은 노비 출신이었다고 해요. [2]**미천한** 신분이었지만, 뛰어난 재주로 세종 대왕의 사랑을 받은 것이었어요.

장영실이 수많은 발명품을 만들며 공로를 세워도, [3]**보상**을 받는 데는 [4]**우여곡절**이 따랐어요. 신분을 문제 삼아 다른 신하들이 논란을 일으키곤 했으니까요. 그러나 장영실은 어떤 난관에도 *칠전팔기로 뛰어난 발명을 해냈답니다.

위인 장영실　　**시대** 조선
출생-사망 ?~?　　**직업** 과학자, 발명가

오늘의 사자성어

七 일곱 **칠**
顚 머리 **전**
八 여덟 **팔**
起 일어날 **기**

일곱 번 넘어지고 여덟 번 일어난다 즉, **여러 번 실패해도 꾸준히 노력함**을 이르는 말이에요.

교과서 속 오늘의 낱말

1 **활자** 네모기둥 모양의 금속 윗면에 문자나 기호를 볼록 튀어나오게 새긴 인쇄 도구예요.
2 **미천하다** 신분이나 지위 따위가 하찮고 천하다는 뜻이에요.
3 **보상** 어떤 것에 대한 대가를 의미해요.
4 **우여곡절** 뒤얽혀 복잡해진 사정을 가리키는 말이에요.

 꼭 알고 가기 **장영실**

1. 다음 중 장영실이 제작하지 <u>않은</u> 것은 무엇인가요?
   ① 해시계
   ② 물시계
   ③ 거중기
   ④ 혼천의

2. 다음 문장에 어울리는 낱말을 적으세요.

   이번 레시피는 실패!

   맛있는 떡볶이가 될 때까지 ☐☐☐☐ 로 다시 해 봐야지.

#마흔 번째 위인

조선의 기틀을 세운 일등 공신 정도전

고려 말기 때였어요. 공민왕이 갑작스럽게 ¹**시해되자** 원나라와 친한 이인임이 정치를 주도했지요. 당시 정도전은 공민왕의 편에서 명나라와 친해질 것을 주장했어요. 결국 정도전은 이인임에게 ²**밉보여** 멀리 귀양을 가게 되었습니다.

귀양지에서 정도전은 가난하고 힘든 백성들과 함께하며 느끼는 바가 많았어요. 백성을 위하는 정치가가 되고자 결심한 정도전은 이성계를 찾아갔답니다.

이성계는 정도전과 뜻을 함께하기로 했고, 조선을 건국하여 태조가 되었습니다. ³**개국 공신**이 된 정도전은 토지 개혁을 추진하고, 법전을 만들었어요. 새 수도 한양의 궁궐 이름을 짓고 도시를 ⁴**설계하기도** 했어요.

안타깝게도 왕권보다는 신하들의 회의를 중심으로 조정을 꾸려가고자 한 정도전의 구상은 *시기상조였어요. 결국 왕권에 위협을 느낀 이방원의 손에 목숨을 잃었지요.

위인 정도전 **시대** 조선
출생-사망 1342~1398년 **직업** 정치가, 학자

오늘의 사자성어

時 때 시
機 틀 기
尙 오히려 상
早 일찍 조

시기가 너무 이르다
즉, **어떤 일을 하기에 아직 때가 아니라는 의미예요.**

교과서 속 오늘의 낱말

1 **시해되다** 부모나 임금 등이 죽임을 당했다는 뜻이에요.
2 **밉보이다** 밉게 보인다는 말이에요.
3 **개국 공신** 나라를 새로 세울 때 큰 공로가 있는 신하예요.
4 **설계하다** 계획을 세운다는 의미예요.

 꼭 알고 가기 **정도전**

1. 다음 중 정도전이 하지 <u>않은</u> 일은 무엇인가요?
   ① 신하들의 회의 중심으로 조정을 꾸리고자 했어요.
   ② 조선의 개국 공신이 되었어요.
   ③ 원나라와 친해질 것을 주장했어요.
   ④ 귀양지에서 백성을 위하는 정치에 대해 고민했어요.

2. 다음 문장에 어울리는 낱말을 적으세요.

   모두가 ☐☐☐☐ 라 했지만 우리는 멋지게 성공했다.

정답 p. 219

#마흔한 번째 위인

제주 백성을 흉년에서 구한 큰 상인이자 기부왕
김만덕

김만덕은 제주도 출신의 사업가이자 **¹의인**이에요. 상인이던 아버지가 풍랑을 만나고 어머니까지 일찍 **²여의어** 외삼촌 댁에서 살게 되었다고 해요. 김만덕은 어린 나이에 고아가 되며 신분이 낮아졌고, 관가의 기녀가 되었어요.

여성의 사회적 지위가 낮았고 그중에서도 기생은 천민이었지만, 김만덕은 **³좌절하지** 않았습니다. 부지런히 돈을 모아 물건이 쌀 때 사들이고, 값이 오르면 내다 팔며 이익을 불렸어요. 제주의 특산물을 육지 상인들에게 거래하며 큰돈을 벌기도 했어요.

그러던 어느 해에 큰 태풍과 폭우가 제주를 휩쓸어 심한 흉년이 들었고, 제주 백성들은 굶주림에 시달렸어요.

"먹지 못해 죽는 자들이 눈앞에 가득한데 내 곳간을 나누고 베풀어야 *인지상정이라."

전 재산을 식량으로 바꾸어 제주 사람들에게 나누어 준 김만덕의 **⁴선행**은 정조 임금에게까지 전해졌어요. 임금님의 특별상으로 김만덕은 한양의 궁궐과 **⁵금강산**을 여행하고, 벼슬도 받았습니다.

위인 김만덕　　**시대** 조선
출생-사망 1739~1812년　　**직업** 사업가

오늘의 사자성어

人 사람 **인**
之 어조사 **지**
常 항상 **상**
情 뜻 **정**

사람이 항상 가지는 뜻이란 의미로, **누구나 가지는 보통의 마음**을 가리켜요.

교과서 속 오늘의 낱말

1 **의인** 의로운 사람을 말해요.

2 **여의다** 부모나 사랑하는 사람이 세상을 떠나 이별한다는 말이에요.

2 **좌절하다** 마음이나 기운이 꺾이거나, 계획이나 일이 실패로 돌아간다는 뜻이에요.

3 **선행** 착하고 어진 행실이에요.

4 **금강산** 강원도의 북부에 있는 산으로 기이하게 생긴 바위나 돌이 많고, 곳곳에 폭포와 못이 있어 경치가 매우 아름다워요.

 꼭 알고 가기 **김만덕**

1. 다음 중 김만덕의 마음가짐과 거리가 <u>먼</u> 태도는 무엇인가요?

① 미술 시간에 찰흙이 모자란 친구에게 내 것을 떼어 줘요.
② 우리 아파트 단지에 다른 동네 친구는 지나가면 안 된다고 생각해요.
③ 부모님 대신 보살펴 주시는 할머니께 감사하며 열심히 공부해요.
④ 우산을 안 가져온 친구에게 내 우산을 같이 씌워 줘요.

2. 다음 문장에 어울리는 낱말을 적으세요.

누구에게나 있다는 ☐☐☐☐ 의 마음은 공감 능력에서 온다.

정답 p. 220

#마흔두 번째 위인

나라의 앞날을 대비한
학자 이율곡

조선의 대학자로 꼽히는 율곡 이이는 어머니 신사임당의 본가인 **1강릉** 오죽헌에서 태어났어요. 글과 그림에 뛰어난 어머니의 재능을 물려받았는지, 이율곡은 어린 시절부터 시를 읊곤 했어요. *낭중지추라더니 열세 살에 과거 시험에 장원 급제한 이후, 여러 과거 시험에서 모두 아홉 번이나 장원을 차지했다는 기록이 있답니다.

열여섯 살 무렵에는 어머니 신사임당이 돌아가신 충격으로 잠시 **2방황**도 했어요. 삼년상을 치르고 금강산에 있는 절에 들어가 불교를 공부하기도 했다가, 결국 다시 **3성리학**에 힘을 다하기로 했어요. 이퇴계와 편지로 토론을 주고받으며 자기만의 이론을 강화하고, 책을 쓰며, 제자를 키우는 데에도 힘썼습니다.

이율곡은 성리학을 통해 나라의 힘을 강화하고자 노력한 신하이기도 했습니다. 10만 명의 병사를 길러 외적의 침략에 대비하고자 **4상소**를 올린 '십만양병설'이 잘 알려져 있지요.

위인 이율곡 **시대** 조선
출생-사망 1536~1584년 **직업** 정치가, 학자

오늘의 사자성어

囊 주머니 **낭**
中 가운데 **중**
之 어조사 **지**
錐 송곳 **추**

주머니 속의 송곳이라는 뜻으로, **재능이 뛰어난 사람은 숨어 있어도 저절로 사람들에게 알려짐**을 이르는 말이에요.

교과서 속 오늘의 낱말

1 **강릉** 강원도 동부에 있는 시로, 경포대와 오죽헌 등이 유명해요.

2 **방황** 분명한 방향이나 목표를 정하지 못하고 갈팡질팡함을 뜻해요.

3 **성리학** 중국에서 송나라, 명나라 때 시작된 유학의 한 갈래예요. 우리나라에는 고려 말기에 들어와 조선의 통치 이념이 되었어요.

4 **상소** 임금에게 글을 올리던 일 또는 그 글을 의미해요.

 꼭 알고 가기 **이율곡**

1. 다음 중 이율곡과 관련이 없는 사람은 누구인가요?

   ① 어머니 신사임당
   ② 아버지 이원수
   ③ 학문적으로 교류한 이퇴계
   ④ 훈민정음 창제에 공을 세운 신숙주

2. 다음 문장에 어울리는 낱말을 적으세요.

   친구가 취미로 SNS에 올린 그림이 이렇게 엄청난 인기를 얻다니 ☐☐☐☐ 라 할 만하다.

#마흔세 번째 위인

성리학을 연구하고 더욱 발전시킨
이퇴계

퇴계 이황은 서른네 살에 과거에 급제하여 **1성균관** 대사성, 대제학, 지경연 등 조정의 중요한 자리를 역임한 관리였어요. 조선의 네 임금을 섬기며 40년 가까이 관직에 머물렀답니다.

그런데 이퇴계가 평생 관직에 있었던 것은 아니에요. 공부하는 것 자체를 좋아하다 보니, 관직을 그만두고 학문에 몰두했다가 다시 돌아오기를 여러 번 반복하게 되었지요.

그중에서도 이퇴계는 주자가 **2제창한** 성리학을 우리나라에 맞게 연구하여 발전시켰어요. 학문 또한 *귤화위지라, 중국 주자의 성리학이 이퇴계를 통해 조선 사회에 **3적용하기** 알맞은 성리학으로 자리 잡은 거예요.

이퇴계는 교육에도 힘썼어요. 우리나라에 처음 성리학을 도입한 안향이라는 사람을 모시던 백운동 서원에 '**4소수 서원**'이란 이름을 지어 내리도록 임금님께 건의했지요. 서원은 선비들이 모여 학문을 닦던 배움터예요. 이퇴계도 안동 지역에 '도산 서원'을 지어 학문을 연구하고 훌륭한 제자들을 많이 길러 내었어요.

위인 이퇴계 **시대** 조선
출생-사망 1501~1570년 **직업** 정치가, 학자

오늘의 사자성어

橘 귤 귤
化 화할 화
爲 될 위
枳 탱자 지

회남의 귤을 회북에 옮겨 심으면 탱자가 된다 즉, **환경에 따라 사람이나 사물의 성질이 변한다**는 뜻이에요.

교과서 속 오늘의 낱말

1 **성균관** — 조선 시대에, 유학의 교육을 맡아보던 관아예요.

2 **제창하다** — 어떤 일을 처음 내놓아 주장함을 뜻해요.

3 **적용하다** — 알맞게 이용하거나 맞추어 쓴다는 의미예요.

4 **소수 서원** — 우리나라 최초의 서원으로, 경상북도 영주에 있어요. 이퇴계의 건의로 명종 5년(1550)에 임금님께 '소수'라는 이름을 새긴 액자를 받았어요.

퀴즈! 꼭 알고 가기 이퇴계

1. 이퇴계가 연구하고 발전시킨 학문은 무엇인가요?

   ① 물리학
   ② 성리학
   ③ 심리학
   ④ 지리학

2. 다음 문장에 어울리는 낱말을 적으세요.

   이퇴계의 뜻에 따라 임금님께 이름을 지어 받은 ☐☐ ☐☐ 은 경상북도 영주시에 있어요.

정답 p. 220

마흔네 번째 위인

글과 그림에 능한
예술가 신사임당

신사임당은 강원도 강릉에서 다섯 자매의 둘째로 태어났어요. 조선 시대에는 여성들의 사회 활동이 매우 **¹한정되어** 있었지만, 신사임당의 집안은 딸들에게도 글공부를 시키고 예술적 재능을 발휘할 수 있도록 지원해 주었습니다.

신사임당은 글쓰기, 시 짓기에 능했어요. 시 작품으로는 강릉 **²본가**를 떠나 서울 **³시가**로 향하는 안타까움이 드러난 「유대관령망친정」, 어머니를 그리워하는 마음을 담은 「사친」이 잘 알려져 있습니다. 그림 솜씨 또한 무척 뛰어났어요. 주위에서 쉽게 볼 수 있는 풀과 벌레, 나비, 과일을 살아 움직이는 듯 잘 그렸지요. 신사임당이 그린 그림 속 벌레를 닭이 쪼아 먹으려 했다는 이야기가 전해 올 정도예요.

사임당이라는 **⁴호**의 뜻은 주나라 문왕의 훌륭한 어머니인 '태임'을 본받겠다는 의미입니다. 신사임당은 태임을 본보기 대상으로 하여 가정생활과 자녀 교육에 충실했고, 대표적인 *현모양처로 불리고 있어요. 신사임당의 셋째 아들이 바로 율곡 이이지요.

위인 신사임당 　　**시대** 조선
출생-사망 1504~1551년 　**직업** 예술가

오늘의 사자성어

賢 어질 현
母 어머니 모
良 어질 양
妻 아내 처

어진 어머니이자 착한 아내는 옛 가부장적 사회에서 이상적인 여성관이었어요. 오늘날에는 **가정을 보살피는 데 충실한 여성**을 의미해요.

교과서 속 오늘의 낱말

1 **한정되다** 수량이나 범위 등이 제한되어 정해진다는 뜻이에요.

2 **본가** 본래 살던 집을 뜻해요. 따로 나와 사는 사람이, 가족들이 사는 중심이 되는 집을 가리키는 말이에요.

3 **시가** 남편의 부모가 사는 집. 또는 그 부모의 집안을 말해요.

4 **호** 본명이나 자 이외에 쓰는 이름으로, 허물없이 쓰기 위하여 지은 이름이에요.

퀴즈! 꼭 알고 가기 신사임당

1. 다음 중 신사임당에게서 얻을 수 있는 교훈이 <u>아닌</u> 것을 고르세요.

   ① 답답한 여성관에 만족하지 않고 예술가로서 삶을 개척한 게 대단해.
   ② 남자라서, 여자라서 못하고 안되는 건 없어. 내가 뭘 좋아하고 잘하는지 해 볼 거야.
   ③ 나도 모범이 될 만한 사람을 정해서 본받기 위해 노력해야지.
   ④ 여자는 직업을 가지기보다 가정생활만 열심히 해야 해.

2. 다음 문장에 어울리는 낱말을 적으세요.

   조선 시대에는 열녀 효부, ☐☐☐☐ 를 최고의 여성상으로 생각했어요.

정답 p. 220

 #마흔다섯 번째 위인

나라 지키는 것밖에 몰랐던 홍의 장군 **곽재우**

1592년 4월 왜군의 침략으로 임진왜란이 일어났어요. 당시 왜의 도요토미 히데요시가 섬을 통일하더니, 조선과 명나라 등 대륙까지 **1야욕**을 품은 거예요.

수많은 우리나라 군사들이 전쟁터에서 죽고 다쳤어요. 왜구의 **2약탈**로 백성들의 삶은 힘들어지고요. 왕이 멀리 피난을 가야 할 정도로 나라가 위태로워지자, 민간의 백성들까지 신분을 가리지 않고 **3자발적으로** 군대를 조직해 싸웠어요. 바로 의병들이었지요.

의병장 곽재우는 붉은 옷을 입고 전투를 지휘하여 '홍의 장군'으로 불렸어요. *임전무퇴의 홍의 장군과 의병들은 똘똘 뭉쳐 왜군에게 타격을 입히며 주요 길목을 지켰습니다.

임진왜란이 끝난 후 조정에서는 여러 번 곽재우에게 관직을 내렸어요. 정치에는 관심이 없었던 곽재우는 거듭 사양하며 **4은거**의 삶을 선택해 여생을 보냈답니다.

위인 곽재우 **시대** 조선
출생-사망 1552~1617년 **직업** 장군, 의병장

오늘의 사자성어

臨 임할 임
戰 싸울 전
無 없을 무
退 물러날 퇴

전쟁에 나아가서 물러서지 않음 즉, **어떤 어려움에도 굴하지 않고 끝까지 도전하는 자세**를 가리켜요.

교과서 속 오늘의 낱말

1 **야욕** — 자기 잇속만 채우려는 더러운 욕심을 가리키는 말이에요.

2 **약탈** — 폭력을 써서 남의 것을 억지로 빼앗는 거예요.

3 **자발적으로** — 남이 시키거나 요청하지 않아도 자기 스스로 하는 모습을 뜻해요.

4 **은거** — 세상을 피하여 벼슬자리에서 물러나, 한가로이 숨어 사는 삶이에요.

 꼭 알고 가기 곽재우

1. 임진왜란을 일으킨 당시 왜의 지도자는 누구인가요?

   ① 이토 히로부미
   ② 도쿠가와 이에야스
   ③ 도조 히데키
   ④ 도요토미 히데요시

2. 다음 문장에 어울리는 낱말을 적으세요.

   이번에 지면 준결승에서 탈락이다. ☐ ☐ ☐ ☐ 의 자세로 반드시 승리하자!

#마흔여섯 번째 위인

왜군을 막아 내기 위해 목숨을 바친 의병장 조헌

조선 전기에 활동했던 조헌은 본래 조정의 무신이었어요.

어린 시절 조헌의 집은 매우 가난했다고 해요. 추운 겨울에도 다 해진 옷과 낡은 신발을 신고 ¹오들오들 떨어야 할 정도였으니까요. 그런 중에도 조헌은 공부하는 것을 게을리하지 않았어요. 서당이 멀리 떨어져 있었지만 하루도 쉬지 않고 ²꼬박꼬박 글공부를 하러 갔지요. 밭에서 농사일을 하면서도, 아궁이에 불을 때면서도 *형설지공으로 항상 글을 읽으며 과거에 급제한 것이었답니다.

1592년 4월 임진왜란이 일어나자, 조헌은 의병으로 활동하며 청주성을 되찾는 데 성공했어요. 이 과정에서 승려들이 조직한 군대와 연합 ³작전을 펴기도 했지요. 하지만 의병이 강제로 흩어졌고, 남은 군사를 끌어모으니 700여 명밖에 남지 않았습니다. 조헌과 의병들은 금산에서 왜군을 막다가 ⁴전사했어요.

이처럼 외적으로부터 나라가 위태로울 때면, 우리 민족은 끝까지 싸웠어요.

위인 조헌
출생-사망 1544~1592년
시대 조선
직업 문신, 의병장, 학자

104

오늘의 사자성어

螢 반딧불 형
雪 눈 설
之 어조사 지
功 공 공

반딧불을 모아 그 불빛으로 책을 읽고, 겨울밤 눈빛에 비추어 글을 읽는다 즉, **고생스러워도 부지런하게 꾸준히 공부하는 자세**를 뜻해요.

교과서 속 오늘의 낱말

1 **오들오들** 춥거나 무서워서 몸을 잇따라 심하게 떠는 모양이에요.
2 **꼬박꼬박** 조금도 어김없이 계속하는 모양. 또는 남이 시키는 대로 따르는 모양을 말해요.
3 **작전** 군사적 목적을 이루기 위하여 행하는 조치나 방법을 뜻해요.
4 **전사하다** 전쟁터에서 적과 싸우다 죽는다는 의미예요.

퀴즈! 꼭 알고 가기 조헌

1. 조헌이 의병으로 활동하며 왜군에 맞서 싸운 전쟁의 이름은 무엇인가요?

   ① 신미양요
   ② 병자호란
   ③ 임진왜란
   ④ 정유재란

2. 다음 문장에 어울리는 낱말을 적으세요.

   어려움을 이겨 내며 열심히 공부하는 걸 보니 ☐☐☐☐ 이 따로 없구나.

#마흔일곱 번째 위인

곽재우와 함께 끝까지 싸운
무신 김시민

김시민이 진주의 판관으로 임명된 지 1년 남짓 무렵, 임진왜란이 일어났어요.

온 백성이 너나 할 것 없이 군대를 조직하고 전투를 벌였어요. 김시민은 다른 지역의 군사들과 연합하고, 곽재우 등 의병들과도 ¹**합세해** 힘을 모았어요. 여러 성들을 되찾으며 왜군을 무찌른 공을 인정받아 진주목사로 ²**승진하기도** 했어요.

진주성을 직접 공격받기 시작하자, 김시민은 명령을 내렸어요.

"무조건 군사가 많아 보여야 한다! 노인들과 여인들까지 모두 남자로 ³**변장시켜라!**"

군사가 많지 않은 상황에서 김시민은 무엇 하나 적에게 허점을 보이지 않도록 *용의주도하게 작전을 짠 거예요.

김시민은 ⁴**불과** 3,800여 명의 군사들을 이끌고 2만여 명의 왜군을 물리치는 데 성공했어요.

위인 김시민 **시대** 조선
출생-사망 1554~1592년 **직업** 무신

오늘의 사자성어

用 쓸 용
意 뜻 의
周 두루 주
到 다다를 도

뜻을 쓰는 것이 두루 미친다는 의미로, **꼼꼼히 마음을 써서 일에 빈틈이 없는 모습**을 의미해요.

교과서 속 오늘의 낱말

1 합세하다 — 흩어져 있는 세력을 한곳에 모은다는 뜻이에요.

2 승진하다 — 직위의 등급이나 계급이 오르는 거예요.

3 변장시키다 — 본래의 모습을 알아볼 수 없게 하기 위하여 옷차림이나 얼굴, 머리 모양 따위를 다르게 바꾼다는 의미예요.

4 불과 — 그 수량에 지나지 않은 상태임을 가리키는 말이에요.

 퀴즈! 꼭 알고 가기 **김시민**

1. 다음 중 '용의주도'의 쓰임이 자연스럽지 <u>못한</u> 하나를 고르세요.

   ① 경찰은 용의주도한 작전으로 범인을 검거하는 데 성공했습니다.
   ② 용의주도하게 교통카드를 놓고 나와서 다시 집에 갔다 왔지 뭐야.
   ③ 감독이 용의주도한 전략을 세워 선수들을 훈련시키면서 기록이 많이 좋아졌다.
   ④ 아무리 용의주도하게 완전 범죄를 계획해도 결국은 잡히게 돼 있죠.

2. 다음 문장에 어울리는 낱말을 적으세요.

   곽재우, 조헌, 김시민 모두 ☐☐☐☐ 에서 왜군과 싸운 위인들입니다.

정답 p. 220

 #마흔여덟 번째 위인

왜군을 전멸시킨 위대한 장군
충무공 이순신

　유성룡이 「징비록」에서 충무공 이순신에 대해 적은 부분을 보면, 어린 시절부터 벌써 *백전백승 장군의 ¹면모가 드러나고 있어요.

　어린 이순신은 나무를 깎아 화살을 만들고 전쟁놀이를 했어요. 자라면서는 말타기와 활쏘기를 즐기고 글씨도 잘 썼다고 해요.

　이순신은 28세에 무인을 뽑는 과거에 급제하여 여러 관직을 거쳤으나 순탄하지는 않았어요.

　임진왜란이 일어나고, 이순신은 옥포 해전에서 거둔 승리를 시작으로 한산도 대첩에서는 왜군을 우리 앞바다로 ²유인하여 몰살했어요. ³모함을 받아 관직을 박탈당한 채 군대를 따라 싸우기도 했어요. 다시 벼슬을 받아 장수로 나선 이순신은 명량 대첩에서 승리를 거두었어요.

　결국 왜군은 부랴부랴 철수했어요. 이순신은 달아나는 배 한 척까지 그냥 두지 않았어요. 마지막이라고 대충 놓아주면, 언제든 다시 쳐들어올 수 있으니까요.

　마침내 노량 해전에서 이순신은 눈을 감으면서도, 군사들의 ⁴사기를 생각해 자신의 죽음을 알리지 말라고 당부했습니다.

위인 이순신　　**시대** 조선
출생-사망 1545~1598년　**직업** 장군

오늘의 사자성어

百 일백 **백**
戰 싸움 **전**
百 일백 **백**
勝 이길 **승**

백 번 싸워 백 번 이긴다 **즉, 싸울 때마다 모조리 이긴다**는 뜻이에요.

교과서 속 오늘의 낱말

1 **면모** 사람이나 사물의 겉모습, 됨됨이를 가리켜요.

2 **유인하다** 주의나 흥미를 일으켜 꾀어내는 거예요.

3 **모함** 나쁜 꾀로 남을 어려운 처지에 빠지게 하는 행동이에요.

4 **사기** 의욕이나 자신감 등으로 가득하여, 굽힐 줄 모르는 기세를 나타내요.

퀴즈! 꼭 알고 가기 **이순신**

1. 다음 중 이순신 장군과 관련이 <u>없는</u> 전투를 고르세요.

   ① 한산도 대첩
   ② 노량 해전
   ③ 청산리 대첩
   ④ 명량 대첩

2. 다음 문장에 어울리는 낱말을 적으세요.

   적을 알고 나를 알면 ☐☐☐☐ 이라 했다.

정답 p. 220

#마흔아홉 번째 위인

새 나라 조선을 세운
태조

　이성계는 고려 말기의 장군이었어요. 아버지 이자춘은 공민왕이 나라를 물리치고 쌍성 총관부를 고려 땅으로 돌려놓는 데 힘을 보태 공을 인정받았고, 아버지와 함께했던 이성계도 조정의 세력으로 성장하기 시작했어요.

　이성계는 홍건적과 왜구의 침략을 무찌르는 과정에서 가는 곳마다 승리를 거두며 큰 세력이 되었습니다. 전투에서 승리를 거둘 때 이성계는 늘 최영 장군과 함께였어요. 하지만 고려가 명나라와 친해야 하냐 원나라와 친해야 하냐에 대해 두 사람의 생각은 갈라졌습니다.

　결국 [1]**요동**을 정벌하라는 임금의 명령을 거부하고, 이성계는 위화도에서 [2]**회군하여** 개경으로 돌아와 권력을 잡았습니다. 공양왕을 내쫓고 새로운 왕조, 조선의 제1대 왕 태조가 된 거예요.

　조선을 세운 이후, 두 임금을 [3]**섬길** 수 없다며 *두문불출한 고려의 신하들이 처형당하고, 후에 이성계의 아들들이 [4]**왕위**를 두고 서로 죽이는 등 조선의 건국 직후 한동안 싸움과 혼란이 이어져요.

위인 태조　　　　**시대** 조선
출생-사망 1335~1408년　**직업** 왕

오늘의 사자성어

杜 막을 두
門 문 문
不 아닐 불
出 날 출

문을 막고 나가지 않는다는 뜻으로, **집에만 있고 바깥출입을 하지 않음을** 가리켜요.

교과서 속 오늘의 낱말

1 **요동** 중국 요하의 동쪽 지방을 가리키며, 지금의 랴오닝성 동남부 일대를 일컫는 말이에요.

2 **회군하다** 군사를 돌이켜 돌아가거나 돌아온다는 뜻이에요.

3 **섬기다** 신이나 윗사람을 잘 모시어 받든다는 의미예요.

4 **왕위** 임금의 자리를 가리켜요.

 꼭 알고 가기 **태조**

1. 이성계가 요동을 정벌하라는 명령을 거부하고 회군한 섬은 어디인가요?

   ① 위화도
   ② 영종도
   ③ 백령도
   ④ 안면도

2. 다음 문장에 어울리는 낱말을 적으세요.

   언제까지 ☐☐☐☐ 방에서 핸드폰만 볼래?

   나가서 바람 좀 쐬자.

  p. 220

#쉰 번째 위인

조선 창건을 이끌고 상왕으로 물러난
정종

　정종은 태조 이성계의 아들로, 조선의 제2대 왕이에요. 다만 왕으로서 ¹**재위** 기간은 2년으로 매우 짧아요.

　조선 건국 후 이성계의 아들들은 누가 왕위를 이어받는가를 두고 제1차 왕자의 난을 일으켜 서로 죽이고 싸웠습니다. 아들들의 싸움에 화가 난 아버지 태조는 정종에게 왕위를 물려주고 ²**상왕**으로 물러나, 자신이 왕이 되기 전 살던 함흥에 ³**칩거해** 버리고요. 두 차례 왕자의 난의 결과로 제3대 태종이 왕위에 올랐고, 태조와 태종 사이 짧은 기간 동안 조선을 다스렸던 왕이 바로 이성계의 둘째 아들인 정종이지요.

　2년 남짓이었지만 정종은 정치와 군사를 분리하는 행정 개혁, 노비변정도감 설치 등의 업적을 세웠어요. 개별 귀족이나 가문에서 ⁴**사사로이** 군사를 갖지 못하도록 금지했고요.

　이후 제2차 왕자의 난을 계기로 정종은 동생 이방원을 세자로 책봉했어요. 왕위를 물려준 후에는 *유유자적 평화로운 삶을 살았다고 합니다.

위인 정종　　　　**시대** 조선
출생-사망 1357~1419년　**직업** 왕

오늘의 사자성어

悠 멀 유
悠 멀 유
自 스스로 자
適 갈 적

멀리멀리 스스로 간다는 의미로, **아무 속박 없이 조용하고 편안한 삶**을 의미해요.

교과서 속 오늘의 낱말

1 **재위** 임금의 자리에 있음을 뜻해요. 임금이 자리에 있는 동안을 뜻하기도 해요.

2 **상왕** 자리를 물려주고 들어앉은 임금을 말해요.

3 **칩거하다** 나가서 활동하지 아니하고 집 안에만 틀어박혀 있는 모습을 가리켜요.

4 **사사로이** '개인적인 범위나 관계의 성질이 있게'라는 뜻이에요.

 꼭 알고 가기 **정종**

1. 태조와 정종은 어떤 관계인가요?
   ① 친구 관계
   ② 형제 관계
   ③ 부자 관계
   ④ 사제 관계

2. 다음 문장에 어울리는 낱말을 적으세요.

   제1차 왕자의 난 이후, ☐☐은 조선의 제2대 왕이 되었어요.

 p. 220

왕자의 난을 정리하고
세종 통치의 토대를 닦은 **태종**

태종은 정종과 마찬가지로 태조 이성계의 아들이며, 조선의 제3대 왕이에요. 태조의 다섯째 아들로서 아버지를 **¹보필해** 조선을 세우는 데 공을 세웠지요. 하지만 왕조가 안정되기까지는 난관이 많았습니다. 이성계는 여러 명의 부인과 수많은 자식을 두었기 때문에 아들들 사이에 왕위를 두고 갈등이 생길 수밖에 없었어요.

태종은 제1차 왕자의 난을 일으켜 **²계모**인 신덕왕후의 아들들을 죽이고, 제2차 왕자의 난을 거치면서 정도전 **³일파**까지 모두 제거했어요. 형 정종에 이어 임금이 된 후에도, 왕권에 위협이 된다고 판단되면 누구든 냉정하게 제거했지요.

왕위를 인정받기 위해 함흥으로 사신을 보내도, 아들들의 싸움에 화가 난 태조 이성계가 신하들을 잡아 가두거나 죽인 데에서 *함흥차사라는 말이 생기기도 했지요.

수많은 갈등과 싸움을 겪으며 태종은 조선의 통치 질서를 세웠고, 이는 아들 세종 대왕의 **⁴집권**에 큰 도움을 주었습니다.

위인 태종　　**시대** 조선
출생-사망 1367~1422년　**직업** 왕

오늘의 사자성어

咸 다 함
興 일어날 흥
差 보낼 차
使 사신 사

태조 이성계를 모시러 함흥에 갔다 돌아오지 않은 사신 즉, **심부름을 가서 오지 않거나 늦게 온 사람**을 가리켜요.

교과서 속 오늘의 낱말

1 **보필하다** 윗사람의 일을 돕는다는 의미예요.

2 **계모** 아버지가 재혼함으로써 생긴 어머니예요.

3 **일파** 주의, 주장 또는 목적을 같이하여 모인 무리를 의미해요.

4 **집권** 권세나 정권을 잡는 거예요.

 꼭 알고 가기 **태종**

1. 정종과 태종은 어떤 관계인가요?

   ① 부자 관계

   ② 친구 관계

   ③ 남매 관계

   ④ 형제 관계

2. 다음 문장에 어울리는 낱말을 적으세요.

   제2차 왕자의 난 이후, ☐☐ 은 조선의 제3대 왕이 되었어요.

 p. 220

#쉰두 번째 위인

우리말 우리글을 창제한
세종 대왕

"내가 꿈꾸는 *태평성대란 백성이 하려고 하는 일을 원만하게 하는 세상이다."

조선의 제4대 왕, 세종 대왕의 말씀이에요.

세종 대왕이 조선을 다스렸던 시기는 우리 민족의 역사상 나라 안팎이 두루 평안하고 가장 많은 발전을 이루었다고 해도 과언이 아니에요. **¹집현전**을 세워 똑똑한 인재들을 뽑아 나라의 정책을 연구하게 했고, 유교를 기반으로 중요한 제도들을 정비했어요. 장영실에게 해시계와 물시계, 측우기를 만들게 하여 백성들이 **²농사짓는** 데 편리해지게 했어요. 김종서 장군을 보내 북방을 개척해서 지금의 위치까지 우리 땅을 넓혔고요.

가장 빛나는 업적은 바로 우리의 **³한글**, 훈민정음을 창제한 것이에요. 모든 사람이 글을 읽고 표현할 수 있도록 고민과 연구를 거듭해서 한글을 만들었지요. 덕분에 지금까지 우리 민족은 **⁴고유**의 언어로 소통하고, 높은 수준의 지식과 문화, 예술을 발달시킬 수 있었던 거랍니다.

위인 세종 대왕 　　**시대** 조선
출생-사망 1397~1450년 　**직업** 왕

오늘의 사자성어

太 클 태
平 평평할 평
聖 성인 성
代 시대 대

어진 임금이 잘 다스려 태평한 세상이나 시대, **백성들이 혼란 없이 평화롭게 사는 나라**를 의미해요.

교과서 속 오늘의 낱말

1 **집현전** 조선 전기의 관아로, 궁중에 설치한 학문 연구 기관이에요.

2 **농사짓다** 씨나 모종을 심어 기르고 거두는 일이에요.

3 **한글** 우리나라 고유의 글자로, 세종 대왕이 창제한 훈민정음을 20세기 이후에 부르는 또 다른 명칭이에요.

4 **고유** 본래부터 가지고 있는 특유한 것을 의미해요.

 꼭 알고 가기 **세종 대왕**

1. 다음 중 세종 대왕의 업적이 <u>아닌</u> 것은 무엇인가요?

   ① 북쪽을 개척해서 우리 땅을 넓혔어요.
   ② 집현전을 설치했어요.
   ③ 왕자의 난을 일으켰어요.
   ④ 훈민정음을 창제했어요.

2. 다음 문장에 어울리는 낱말을 적으세요.

   간신들이 눈과 귀를 가리면, 지도자는 혼자 ☐☐☐☐ 인 줄 안다.

 p. 220

# 쉰세 번째 위인

너무 빨리 승하하여 안타까운
문종

문종은 세종 대왕의 맏아들로, 어려서부터 학문을 좋아하며 즐겼다고 해요. 유학뿐 아니라 **1천문학**, 산술 등 두루 관심이 많았지요. 성품 또한 어질었다고 해요. 아버지 세종 대왕을 도와 세자로서 **2섭정**을 하며 정치 경험을 쌓았고, *학수고대하던 세손도 태어났지요.

이렇게 준비가 된 왕으로 즉위했지만, 안타깝게도 문종은 몸이 매우 약해지고 말았습니다. 왕위에 오르기 전 어머니 소헌**3왕후**와 아버지 세종 대왕이 연달아 세상을 떠났거든요. 문종은 슬픔에 빠진 나머지, 음식도 제대로 먹지 않을 만큼 속상하고 힘들었던 거예요.

몸이 아파 병상에서 지내면서도 문종은 고려의 역사를 정리하고 군사 제도를 개혁하는 등 의미 있는 업적들을 남겼어요. 하지만 왕이 된 지 2년 만에 어린 세자 단종을 남겨 둔 채 **4붕어하고** 말았어요.

위인 문종　　　　**시대** 조선
출생-사망 1414~1452년　**직업** 왕

오늘의 사자성어

鶴 학 학
首 머리 수
苦 괴로울 고
待 기다릴 대

학의 머리처럼 목을 길게 뺀 채 괴로우리만치 기다리는 모습 즉, **매우 간절하게 기다림을** 의미해요.

교과서 속 오늘의 낱말

1 **천문학** 우주의 구조, 천체의 생성과 진화, 운동 등을 연구하는 학문이에요.
2 **섭정** 군주가 직접 다스릴 수 없을 때 군주를 대신하여 나라를 다스리는 거예요.
3 **왕후** 임금의 아내예요.
4 **붕어하다** 임금이 세상을 떠난다는 뜻이에요.

 꼭 알고 가기 **문종**

1. 다음 중 문종에 대한 설명으로 <u>틀린</u> 것을 고르세요.

   ① 세종 대왕의 맏아들이에요.
   ② 후손을 남기지 못했어요.
   ③ 부모님이 돌아가시고 건강이 많이 나빠졌어요.
   ④ 학문을 좋아하고 인품도 훌륭했어요.

2. 다음 문장에 어울리는 낱말을 적으세요.

   나는 방학이 오기만을 하고 있다.

쉰네 번째 위인

유배지에서 생을 마감한
단종

문종은 생전에 늘 ¹**앞날**을 걱정하며 신하들에게 단종을 특별히 부탁하곤 했어요. 아들인 단종은 왕 역할을 하기에 아직 어린 데 비해, 동생 수양 ²**대군**이나 안평 대군은 ³**왕성하게** 활동할 나이였고 재주도 뛰어났어요. 문종은 또다시 *골육상쟁이 일어나진 않을까 몹시 염려했지요.

문종의 우려는 현실이 되고 있었습니다. 단종은 열두 살의 나이에 아버지 문종을 ⁴**여의고** 왕위에 오르게 되었어요. 단종이 너무 어리니, 문종의 부탁을 받은 대신들과 세종의 부탁을 받은 집현전 학사 출신의 신하들이 가까이에서 단종을 모셨지요. 나라를 위하는 마음으로 단종을 돕는 신하들도 있었지만, 왕이 어리고 아직 잘 모른다는 걸 이용하려는 신하들도 있었어요. 자기들 마음대로 조정의 일을 처리하고 벼슬을 내리려 했어요.

결국 단종은 숙부인 수양 대군에게 왕위를 빼앗기고, 유배지였던 영월에서 사약을 받아 생을 마감했어요.

위인 단종　　　**시대** 조선
출생-사망 1441~1457년　**직업** 왕

오늘의 사자성어

骨 뼈 골
肉 고기 육
相 서로 상
爭 다툴 쟁

뼈와 고기가 서로 다툰다는 의미로 **가까운 가족, 친척끼리 서로 싸운다**는 뜻이에요.

교과서 속 오늘의 낱말

1 **앞날** 앞으로 다가올 날, 장차 살아갈 길을 말해요.

2 **대군** 왕과 중전 사이에서 태어난 아들에게 주던 작위예요.

3 **왕성하다** 기운이나 세력이 한창이라는 뜻이에요.

4 **여의다** 부모나 사랑하는 사람이 죽어서 이별한다는 의미예요.

퀴즈! 꼭 알고 가기 단종

1. 다음 중 단종이 세상을 떠난 유배지는 어디인가요?

   ① 영천
   ② 영주
   ③ 영월
   ④ 영등포

2. 다음 문장에 어울리는 낱말을 적으세요.

   단종에게 왕위를 뺏은 ☐☐☐☐ 은 조선의 제7대 왕 세조가 됩니다.

p. 220

#쉰다섯 번째 위인

무력으로 왕위에 오른
세조

조선의 제7대 왕, 세조는 세종 대왕의 둘째 아들로 태어났어요.

맏아들 문종이 학문을 좋아했던 데 비해, 동생인 세조는 무예를 좋아하고 병법 책에도 관심이 많았다고 해요. 문종은 몸이 약해 왕위에 오른 지 2년 만에 세상을 떠났고, 이제 열두 살밖에 안 된 문종의 어린 아들 단종이 왕이 되었어요. 이때부터 세조는 단종이 어리다고 마음대로 나랏일을 처리하려는 몇몇 대신들이 마음에 들지 않았어요.

결국 한명회 등 **¹심복**들과 함께 무력으로 주도권을 잡고, 조카인 단종에게 **²강요해서** 왕위까지 빼앗았어요. 수양 대군에서 이제는 조선의 왕 세조가 된 거예요. 세조는 단종을 **³옹호하는** 신하들은 모두 사형에 처하고, 단종을 멀리 영월에 유배시키고 끝내 **⁴사약**을 내려 죽였어요.

세조는 신하들과의 토론장을 없애고, 조정의 일은 몇몇 심복들과 *만기친람했어요. 세조는 조선 시대 최고의 법전인 「경국대전」의 편찬을 지시하는 등 나라의 기틀을 단단히 하기 위한 노력을 했지만, 조카의 왕위를 빼앗은 행동에 계속해서 비난을 들어야 했습니다.

위인 세조　　　　**시대** 조선
출생-사망 1417~1468년　**직업** 왕

오늘의 사자성어

萬 일만 만
機 틀 기
親 친할 친
覽 볼 람

만 가지를 친히 본다는 뜻으로, **지도자가 모든 일을 직접 처리하는 모습을** 가리켜요.

교과서 속 오늘의 낱말

1 **심복** 　마음 놓고 부리거나 일을 맡길 수 있는 사람을 가리켜요.

2 **강요하다** 　억지로 또는 강제로 요구한다는 뜻이에요.

3 **옹호하다** 　두둔하고 편들어 지킨다는 말이에요.

4 **사약** 　왕족이나 사대부가 죽을죄를 저질렀을 때 임금이 내리는 독약이에요.

 꼭 알고 가기 **세조**

1. 다음 중 가족 관계가 다른 하나를 고르세요.

① 태조와 정종

② 단종과 세조

③ 문종과 단종

④ 세종과 문종

2. 다음 문장에 어울리는 낱말을 적으세요.

아무리 ☐☐ 의 말이라도 지도자는 가려서 들어야 한다.

정답 p. 220

123

쉰여섯 번째 위인

단종의 복위를 꾀하다 발각되어 죽은
사육신 성삼문

사육신은 단종을 위협하여 왕위를 차지한 세조에 맞서, 단종의 **¹복위**를 계획하다가 들켜 죽고 만 여섯 명의 신하를 가리킵니다. 여섯 명의 신하에는 성삼문, 박팽년, 이개, 하위지, 유성원, 유응부가 있어요.

사육신 중 한 사람인 성삼문은 세종 대왕 때 과거에 급제했어요. 집현전의 여러 관직을 거치며 중요한 나랏일들에 참여했어요.

집현전 학사들과 함께 훈민정음을 **²창제하는** 과정에서도 역할을 수행했지요.

세조가 단종의 왕위를 무력으로 빼앗자 많은 사람들이 반감을 보였습니다. 그중 사육신을 비롯한 여러 신하들은 세조와 **³측근**들을 제거하고 단종을 다시 왕위에 올리려는 계획을 세웠지만 들키고 말았죠.

사육신은 세조의 잔인한 고문에도 오로지 단종에 대한 *사군이충, 충절과 **⁴지조**의 마음을 지켰어요. 결국 박팽년은 감옥에서 죽고 나머지 신하들은 세조에게 처형당했으며, 사육신의 가족들도 모두 죽거나 노비가 될 수밖에 없었습니다.

위인 성삼문   **시대** 조선
출생-사망 1418~1456년   **직업** 정치가

오늘의 사자성어

事 일 사
君 임금 군
以 써 이
忠 충성 충

충성으로써 임금을 섬긴다 즉, **왕을 성심껏 받들고 섬기는 데 마음을 다하는 자세**를 의미해요.

교과서 속 오늘의 낱말

1 **복위** 폐위되었던 제왕이나 그 왕비가 다시 그 자리에 오르는 거예요.

2 **창제하다** 전에 없던 것을 처음으로 만들거나 정한다는 뜻이에요.

3 **측근** 곁에서 가까이 모시는 사람이에요.

4 **지조** 원칙과 신념을 굽히지 않고 끝까지 지켜 나가는 꿋꿋한 의지와 기개를 뜻해요.

 꼭 알고 가기 **성삼문**

1. 다음 중 사육신이 아닌 인물은 누구인가요?
   ① 하위지
   ② 유응부
   ③ 성삼문
   ④ 한명회

2. 다음 문장에 어울리는 낱말을 적으세요.

   단종 ☐☐ 시도는 실패로 돌아갔지만, 사육신의 충심은 마지막까지 꿋꿋했다.

 p. 220

#쉰일곱 번째 위인

단종의 복위를 꾀하다 발각되어 죽은 사육신 박팽년

박팽년은 집현전 학사 출신으로 세종 대왕의 ¹총애를 받는 신하였어요. 세조가 단종의 왕위를 빼앗고 무력을 휘두르자, 사육신을 포함한 여러 신하들이 단종 복위 계획을 세웠습니다.

계획이 들통나 ²고문을 받으면서도 박팽년의 마음에는 변함이 없었어요. 세조에게는 왕자를 부르는 '나리'라 불렀어요. 왕에게 올린 문서에는 신하 신(臣) 자리에 비슷하게 생긴 클 거(巨)를 적어 놓고요. 결국 박팽년은 옥중에서 숨을 거두었어요.

까마귀 눈비 맞아 희는 듯 검노매라
야광명월이 밤인들 어두우랴
임 향한 *일편단심이야 변할 줄이 있으랴

단종을 향한 충심을 담은 박팽년의 시조입니다. 눈비를 맞아 흰 듯 보여도 결국 검은 깃털이 드러나는 까마귀는 세조와 ³간신들을 뜻해요. 반면 아무리 밤이 깊어도 빛을 잃지 않는 달은 지조를 지키는 ⁴충신을 의미하지요.

위인 박팽년 **시대** 조선
출생-사망 1417~1456년 **직업** 정치가

오늘의 사자성어

一 하나 **일**
片 조각 **편**
丹 붉을 **단**
心 마음 **심**

한 조각의 붉은 마음이라는 뜻으로, **진심에서 우러나오는 변함없는 마음**을 이르는 말이에요.

교과서 속 오늘의 낱말

1 **총애**   남달리 귀여워하고 사랑함을 가리켜요.
2 **고문**   숨기고 있는 사실을 강제로 알아내기 위하여 육체적·정신적 고통을 주며 캐묻는 거예요.
3 **간신**   간사한 신하예요.
4 **충신**   나라와 임금을 위하여 충성을 다하는 신하예요.

 꼭 알고 가기 **박팽년**

1. 다음 중 사육신의 자세와 거리가 먼 태도를 고르세요.

   ① 목에 칼이 들어와도 아닌 걸 맞다고는 못 해.
   ② 힘으로 누른다고 내 소신을 바꿀 순 없어.
   ③ 일단 살고 봐야지. 개똥밭에 굴러도 이승이 낫다는데.
   ④ 잘못한 게 없으니 나는 떳떳해. 마음에 없는 사과는 하지 않을 거야.

2. 다음 문장에 어울리는 낱말을 적으세요.

   단종을 복위하려다 죽은 ☐☐☐, 벼슬을 버리고 여생을 보낸 생육신에게서 지조를 지키는 마음이 느껴진다.

단종의 복위를 꾀하다 발각되어 죽은
사육신 이개

　사육신 중 한 사람인 이개는 고려 말기의 학자인 이색의 **¹증손**이에요. 세종 대왕 시기에 문과에 급제한 이개는 집현전의 학사가 되었습니다. 이개는 세종 대왕이 훈민정음을 창제하는 데 협력했고, 한자음을 바로잡아 통일하기 위한 안내서 「동국정운」을 **²편찬하는** 데도 참여했어요. 최초의 국문 시가인 「용비어천가」를 알기 쉽게 풀이하는 글도 썼지요.

　하지만 세종 대왕 이후 문종이 왕위에 오른 지 2년 만에 세상을 떠나고, 수양 대군이 조카인 단종을 위협하여 왕이 되는 혼돈이 이어졌어요. 이개는 단종의 복위를 꾀하는 계획에 참여했다가 **³발각되었고**, 성삼문 등과 같은 날 **⁴처형되었어요**.

**방안에 켜져 있는 촛불
누구와 이별을 하였기에
겉으로 눈물 흘리고
속 타는 줄 모르던가
저 촛불 나와 같아
속 타는 줄 모르는구나**

　이개가 남긴 시예요. 힘들게 지내던 단종을 *오매불망 걱정하고 그리워하는 충신의 마음이 느껴지는 것 같아요.

위인 이개　　　　**시대** 조선
출생-사망 1417~1456년　**직업** 정치가

오늘의 사자성어

寤 깰 오
寐 잠잘 매
不 아닐 불
忘 잊을 망

자나 깨나 잊지 못한다는 뜻으로, **그리움이나 걱정으로 인해 잠들지 못하는 모습을** 가리켜요.

교과서 속 오늘의 낱말

1 **증손** 아들 또는 딸의 손주를 의미해요.
2 **편찬하다** 여러 가지 자료를 모아 체계적으로 정리하여 책을 만든다는 뜻이에요.
3 **발각되다** 숨기던 것이 드러난다는 말이에요.
4 **처형되다** 형벌에 처해지거나 사형에 처해지는 거예요.

 꼭 알고 가기 **이개**

1. 다음 중 이개와 관련이 없는 것을 고르세요.

   ① 용비어천가
   ② 동국정운
   ③ 동국여지승람
   ④ 훈민정음

2. 다음 문장에 어울리는 낱말을 적으세요.

   ☐ ☐ ☐ ☐ 기다리던 방학이 드디어 다음 주로 왔다.

 p. 220

쉰아홉 번째 위인

단종의 복위를 꾀하다 발각되어 죽은
사육신 하위지

하위지는 집현전부제학, 예조참판 등을 역임한 문신이었어요. 문종이 즉위하고 하위지는 세종 때부터 왕을 도와 많은 업적을 쌓은 공을 인정받았어요. 정4품의 높은 벼슬인 장령으로서 조정의 업무를 다루었지요. 문종이 승하하자 하위지는 벼슬을 내려놓고 고향으로 내려왔어요. 단종이 즉위했고, 하위지는 궁으로 돌아와 더 높은 자리에서 나랏일을 보게 되었어요.

하위지는 옳고 그름이 분명한 성격이었어요. [1]**꼿꼿한** 성품으로 자신의 생각을 말하곤 했어요. 한번은 수양 대군이 하위지에게 집현전 학사의 품계를 올리려 했어요. 다른 사람들 같으면 냉큼 수양 대군에게 감사하며 잘 보이려 했을지도 몰라요. 하지만 *독야청청 하위지는 [2]**사양했어요**. 게다가, 수양 대군이 사사로이 관직을 내리고 상을 주는 행동은 좋지 않다며 [3]**지적했어요**.

[4]**결국** 하위지는 단종 복위 계획의 죄로 처형되고 말았어요.

위인 하위지 **시대** 조선
출생-사망 1412~1456년 **직업** 정치가

오늘의 사자성어

獨 홀로 독
也 어조사 야
靑 푸를 청
靑 푸를 청

홀로 푸르디푸르다
즉, 다른 **모두가 뜻을 꺾더라도
혼자서 굳게 절개와 소신을
지키고 있는 모습**을 나타내요.

교과서 속 오늘의 낱말

1 **꼿꼿하다** 사람의 기개, 의지, 태도나 마음가짐 등이 굳센 모습을 가리켜요.

2 **사양하다** 겸손하여 응하지 않거나 남에게 양보하는 거예요.

3 **지적하다** 꼭 집어서 허물 따위를 드러내어 폭로한다는 뜻이에요.

4 **결국** 일이 마무리되는 마당이나 일의 결과가 그렇게 돌아감을 이르는 말이에요.

 꼭 알고 가기 **하위지**

1. 다음 중 하위지에 대한 설명으로 <u>틀린</u> 것을 고르세요.

   ① 좋은 벼슬을 받아도 경우에 맞지 않다고 생각하면 사양했어요.
   ② 나라의 국방을 튼튼히 한 장군이었어요.
   ③ 강제로 왕위를 뺏긴 단종을 복위시키려다가 발각되어 처형됐어요.
   ④ 조선 전기의 문신이에요.

2. 다음 문장에 어울리는 낱말을 적으세요.

   산꼭대기 절벽에 뿌리박은 소나무가 참으로 ☐☐☐☐ 하다.

#예순 번째 위인

단종의 복위를 꾀하다 발각되어 죽은
사육신 유성원

세조의 폭력적인 왕위 ¹**찬탈**에 분개한 많은 신하들이 단종을 복위시키기로 뜻을 모으던 때였습니다. 마침 세조가 단종을 상왕으로서 모시고 명나라 사신을 창덕궁에 초대하는 행사를 열려고 했어요. 유성원을 포함한 사육신과, 여러 문신과 무신들은 바로 그 연회 때, 세조와 측근들을 제거하고 단종 임금을 다시 왕위에 올릴 계획을 세웠어요.

하지만 ²**운명**의 장난인지, 갑자기 연회 당일에 여러 예상치 못한 일들이 생겼고 계획은 미뤄지고 말았습니다. 일이 계획대로 돌아가지 않는 모양새가 되자, *화기소장이라더니 함께 일을 ³**도모했던** 신하들 중 한 사람이 궁궐에 알리고 말았어요.

결국 복위 계획이 발각되었다는 것을 알게 된 유성원은 ⁴**자결**을 택했습니다.

위인 유성원 **시대** 조선
출생-사망 ?~1456년 **직업** 정치가

오늘의 사자성어

禍 재앙 화
起 일어날 기
蕭 쓸쓸할 소
墻 담장 장

재앙이 담장 안에서 일어난다는 의미로, 다름 아닌 **내부에서 화가 될 만한 일이 일어남**을 비유하는 말이에요.

교과서 속 오늘의 낱말

1 **찬탈** 왕위, 국가 주권 따위를 억지로 빼앗는 거예요.

2 **운명** 모든 것을 지배하는 초인간적인 힘, 이미 정해져 있는 목숨이나 처지를 가리키는 말이에요.

3 **도모하다** 어떤 일을 이루기 위하여 대책과 방법을 세운다는 뜻이에요.

4 **자결** 불의에 대한 분노를 참지 못하거나 지조를 지키기 위해 스스로 목숨을 끊는 거예요.

 꼭 알고 가기 **유성원**

1. 다음 중 뜻이 달랐던 인물은 누구인가요?

   ① 유성원

   ② 이개

   ③ 하위지

   ④ 세조

2. 다음 문장에 어울리는 낱말을 적으세요.

   자리를 물려준 임금을 ☐☐ 이라 한다지만, 단종은 세조에게 왕위를 억지로 뺏긴 것이었습니다.

 p. 220

#예순한 번째 위인

단종의 복위를 꾀하다 발각되어 죽은
사육신 유응부

 유응부는 사육신 중 무신이었어요. 일찍이 무과에 급제했고 활을 잘 쏘아 세종 대왕과 문종이 유응부를 아꼈다고 해요.

 어린 단종을 위협하여 왕위에 오른 세조는 명나라 사신을 **¹초청하여** 연회를 열기로 했습니다. 이날 유응부는 세조를 호위하는 별운검이 될 예정이었고, 기회로 삼아 세조를 처단할 계획을 세웠어요. 하지만 세조는 갑자기 운검이 필요 없다며 취소했어요. 이때 성삼문과 박팽년은 때가 아니라 생각해서 계획을 미루자고 했지만, 유응부는 **²밀어붙이고** 싶어 했지요.

 결국은 계획이 **³탄로 나고** 말았어요. 유응부는 세조에게 고문을 당하면서도 굴복은커녕 *태연자약함을 잃지 않는 모습이었지요. 뜨겁게 달군 쇠로 몸을 **⁴지지는데도** 눈 하나 꿈쩍하지 않고, 도리어 소리쳤어요.

"이 쇠가 식었으니 다시 달궈 오너라!"

위인 유응부 **시대** 조선
출생-사망 ?~1456년 **직업** 무신

오늘의 사자성어

泰 클 태
然 그럴 연
自 스스로 자
若 같을 약

태도가 기색이 아무렇지도 않은 듯 침착하다 즉, **어떤 자극이나 상황의 영향에 흔들리지 않는 자세**를 가리켜요.

교과서 속 오늘의 낱말

1 **초청하다** 사람을 청하여 부른다는 의미예요.
2 **밀어붙이다** 여유를 주지 않고 계속 몰아붙이는 모습을 가리켜요.
3 **탄로 나다** 숨긴 일이 드러났다는 뜻이에요.
4 **지지다** 불에 달군 물건을 다른 물체에 대어 태우거나 눋게 한다는 말이에요.

 꼭 알고 가기 **유응부**

1. 다음 중 유응부에 대한 설명으로 <u>틀린</u> 것을 고르세요.

   ① 세종 대왕과 문종이 아낀 무신이었어요.
   ② 단종 복위를 미루지 말고 원래대로 추진하자고 주장했어요.
   ③ 세조의 측근이 되고자 별운검 자리에 욕심을 냈어요.
   ④ 고문에도 오히려 당당하고 태연한 모습을 보였어요.

2. 다음 문장에 어울리는 낱말을 적으세요.

   네가 다쳤다는데도 내가 ☐☐☐☐ 했던 게 아니라, 너무 슬프고 놀란 나머지 아무 말도 못 했을 뿐이야.

 p. 221

단종에 대한 절개와 의리로
한평생 벼슬하지 않은 생육신 김시습

　단종이 ¹숙부인 수양 대군에게 왕위를 빼앗기자, 평생 세조의 조정에서 벼슬하지 않고 단종에 대한 ²의리와 ³절개를 지키며 산 신하들이 있었습니다. 이들을 생육신이라고 해요. 생육신으로는 김시습, 원호, 이맹전, 조려, 성담수, 남효온이 있어요. 생육신들은 세조가 왕이 된 후 관직을 그만두거나, 애초에 벼슬길에 나아가지 않았어요. 세조를 비난하고 단종을 그리며 여생을 지내다가 세상을 떠났지요.

　그중 김시습은 「매월당집」, 「금오신화」를 비롯한 수많은 책을 쓰고 글을 남겼어요. 3살 때부터 글자를 배워 시를 지었을 정도예요. 이웃에 살던 예문관과 성균관 대사성에게 학문을 배웠고, 여러 역사책과 수많은 글을 ⁴독학했어요. 어머니를 여의고 삼년상을 치른 후에는 불교 경전을 공부했지요.

　수양 대군이 왕위를 빼앗고 단종이 죽은 후에는 스스로 머리를 깎고 불교에 귀의하여 승려가 되어 *동표서랑했어요. 한곳에 오래 머무르지 않고 정처 없이 방방곡곡 떠돌며 다양한 분야의 글을 남겼지요.

위인 김시습　　　**시대** 조선
출생-사망 1435~1493년　**직업** 학자

오늘의 사자성어

東 동녘 **동**
漂 떠다닐 **표**
西 서녘 **서**
浪 물결 **랑**

동쪽으로 표류하고 서쪽으로 방랑한다는 뜻으로, **이리저리 정처 없이 떠돌아다님**을 이르는 말이에요.

교과서 속 오늘의 낱말

1 숙부   아버지의 남동생을 이르는 말이에요.

2 의리   사람과의 관계에서 마땅히 지켜야 할 바른 도리예요.

3 절개   신념, 신의 따위를 굽히지 않고 굳게 지키는 꿋꿋한 태도예요.

4 독학하다   스승이 없이, 또는 학교에 다니지 않고 혼자 공부한다는 뜻이에요.

 꼭 알고 가기 김시습

1. 다음 중 생육신이 <u>아닌</u> 인물은 누구인가요?

   ① 성삼문

   ② 남효온

   ③ 이맹전

   ④ 성담수

2. 다음 문장에 어울리는 낱말을 적으세요.

   김시습은 단종이 죽은 후 ☐☐ 에 귀의하여 승려가 되었어요.

 p. 221

예순세 번째 위인

단종에 대한 절개와 의리로
한평생 벼슬하지 않은 생육신 원호

생육신 중 한 사람인 원호는 세종 때 문과에 급제하여 여러 관직을 거쳤어요. 문종 때에는 집현전직제학에 이르렀지요. 하지만 수양 대군이 정권을 잡고 세조 임금으로 ¹등극하자 ²고향인 원주로 돌아와 살았어요.

세조가 원호에게 특별히 벼슬을 주고 조정으로 부르기도 했으나, 거부한 채 오로지 단종 임금을 섬기며 여생을 보냈다고 해요.

원호에게 단종에 대한 절개와 의리는 *철두철미 몸에 밴 생활이었어요. 단종이 영월에 유배되자, 영월 서쪽에 집을 지어 놓고 아침저녁 멀리서 영월 쪽을 바라보며 눈물을 흘렸어요.

단종이 죽자 ³삼년상을 치렀고, 원주로 돌아온 후에는 문밖출입을 하지 않았어요. 언제나 앉을 땐 동쪽을 향했고, 누울 때도 머리를 동쪽으로 했어요. 단종을 모신 ⁴산소가 원호의 집에서 동쪽에 있었기 때문이었지요.

위인 원호　　**시대** 조선
출생-사망 ?~?　　**직업** 학자

오늘의 사자성어

徹 통할 **철**
頭 머리 **두**
徹 통할 **철**
尾 꼬리 **미**

처음부터 끝까지 철저한 태도를 가리켜요.

교과서 속 오늘의 낱말

1 **등극하다** 임금의 자리나 어떤 분야의 가장 높은 자리에 오른다는 의미예요.

2 **고향** 자기가 태어나서 자란 곳을 뜻해요.

3 **삼년상** 부모의 상을 당해 삼 년 동안 상중에 있는 일이에요.

4 **산소** 무덤을 높여 부르는 말이에요.

 꼭 알고 가기 **원호**

1. 다음 중 원호의 삶과 <u>다른</u> 태도를 고르세요.

   ① 충신은 두 임금을 섬길 수 없지.
   ② 신하의 지조는 자나깨나 죽어서도 지켜야 하는 것이야.
   ③ 임금도 살아 계셔야 충성하지. 돌아가시면 무슨 소용이야.
   ④ 내가 모시지 않는 임금이 주는 벼슬에는 조금도 미련 없어.

2. 다음 문장에 어울리는 낱말을 적으세요.

   옛날에는 부모님이 돌아가시면 ☐☐☐ 을 치르느라 산소 옆에 움막을 지어 생활하기도 했다.

 p. 221

\# 예순네 번째 위인

단종에 대한 절개와 의리로
한평생 벼슬하지 않은 생육신 이맹전

이맹전은 세종 때 문과에 급제했고, 거창 ¹**현감** 시절 청백리로 이름이 높은 관리였어요.

문종이 승하하고 단종이 즉위하자마자 수양 대군은 단종을 ²**보좌하는** 대신들을 죽이고 권력을 찬탈했습니다.

조정이 소란에 휩싸이자, 이맹전은 다음 해에 벼슬을 버리고 고향으로 돌아가 *동산고와하기를 선택했어요. 세조가 ³**통치하고** 있는 대궐을 향해서는 앉지도 않으면서요. 귀가 안 들린다, 눈도 안 보인다 ⁴**행세하며** 친한 친구조차 만나지 않을 정도로 숨어 살았지요.

결국 90세쯤 세상을 떠나기까지, 이맹전은 30여 년간 문밖에 나가지 않고 은둔했습니다.

위인 이맹전　　　**시대** 조선
출생-사망 1392~1480년　**직업** 학자

오늘의 사자성어

東 동녘 동
山 메 산
高 높을 고
臥 누울 와

동쪽 산에 높이 누워 있다
즉, **속세의 번잡함을 피하여 산중에 은거함**을 뜻해요.

교과서 속 오늘의 낱말

1 **현감** 조선 시대 작은 현의 수령이에요. 현은 당시 행정 구역의 단위예요.

2 **보좌하다** 상관을 도와 일을 처리함을 가리켜요.

3 **통치하다** 나라나 지역을 도맡아 다스리는 거예요.

4 **행세하다** 해당되지 않는 사람이 어떤 당사자인 것처럼 처신하는 행동을 뜻해요.

 꼭 알고 가기 **이맹전**

1. 다음 중 생육신에 대한 설명으로 <u>틀린</u> 것을 고르세요.

   ① 세조가 집권하자 관직을 내려놓거나 벼슬길에 나서지 않았어요.
   ② 단종에 대한 의리와 절개를 지켰어요.
   ③ 조정 일에 관여하지 않고 학문을 닦거나 은둔, 방랑 생활을 했어요.
   ④ 세조의 고문과 형벌에 생을 마감했어요.

2. 다음 문장에 어울리는 낱말을 적으세요.

   손님 ☐☐ 를 하더니 눈 깜짝할 새에 물건을 들고 도망가더라고.

정답 p. 221

#예순다섯 번째 위인

단종에 대한 절개와 의리로
한평생 벼슬하지 않은 생육신 조려

조려는 단종을 위해 ¹**절의**를 지킨 생육신의 한 사람이에요. 단종 때 성균관진사가 되어 명성이 높았다고 해요. 하지만 단종이 세조에게 왕위를 뺏기다시피 물려준 이후로, 성균관에 있다가 고향인 함안으로 돌아왔어요.

벼슬에 ²**미련**이 없던 조려는 독서와 낚시로 시간을 보냈어요. 무단으로 조정을 점령한 세조의 ³**휘하**에서 권력을 다투느니, *도중예미의 삶을 택한 거예요.

시간이 많이 흘러 조선의 19대 왕 숙종 대에 이르러, 노산군의 신분으로 세상을 떠난 단종이 임금으로 회복되었어요. 이때 조려도 이조참판으로 비록 세상을 뜬 이후이지만 품계가 높아졌지요. 더 나중에 정조 임금 시기에는 이조 판서의 벼슬을 받았고요.

조려의 고향인 함안의 서산 서원에는 생육신의 ⁴**위패**가 모셔져 있고, 생육신의 충심을 기리는 제사를 지낸답니다.

위인 조려　　　　**시대** 조선
출생-사망 1420~1489년　**직업** 학자

142

오늘의 사자성어

塗 진흙 도
中 가운데 중
曳 끌 예
尾 꼬리 미

진흙 속에 꼬리를 끌고 다닌다는 뜻으로, **부귀영화에 구애받지 않으며 자유롭게 지내는 은둔 생활**을 의미해요.

교과서 속 오늘의 낱말

1 절의   절개와 의리를 아울러 이르는 말이에요.
2 미련   깨끗이 잊지 못하고 끌리는 데가 남아 있는 마음이에요.
3 휘하   지휘 아래를 가리켜요.
4 위패   죽은 사람의 이름을 적은 나무패예요.

 꼭 알고 가기 **조려**

1. 조려는 왜 벼슬길에 나가지 않고 고향에서 살았나요?

　① 낚시를 매우 좋아해서
　② 세조의 신하로 사느니 조용히 고향에서 은거하기로 해서
　③ 관직에서 나랏일을 하려면 독서할 시간이 없어서
　④ 고향에 낚시하기 좋은 곳이 많아서

2. 다음 문장에 어울리는 낱말을 적으세요.

　출세한다고 권력자 눈치 살피고 아부 떠느니, ☐☐☐☐의 자유가 마음 편하다.

#예순여섯 번째 위인

단종에 대한 절개와 의리로
한평생 벼슬하지 않은 생육신 **성담수**

성담수의 아버지 성희는 사육신이 ¹**주도한** 단종 복위 운동에 연루되어 심한 고문을 받았어요. 성희는 3년 뒤 풀려났지만, 얼마 되지 않아 세상을 떠났어요. 아들 성담수는 큰 충격을 받을 수밖에 없었습니다.

성담수는 진사에 합격했었지만, 벼슬을 단념하고 조상의 산소 근처에 은둔해 살았어요. 당시 조정에선 단종 복위와 관련된 죄인들의 자식들에게는 ²**말단** 벼슬을 내리고 낌새를 살폈는데, 성담수는 그조차 끝내 마다하고 그저 시를 짓거나 낚시를 하며, *안빈낙도의 생활에 만족했지요.

'성담수는 천성이 담박하여 사물에 대하여 욕심내는 것이 없었다. 부모가 일찍 죽으니 ³**가산**은 모두 아우들에게 나누어 주었다. 집이 매우 가난하였으나 태연하게 생활하였다. 어린 세 아우를 길러 혼인을 시켜 주고 어루만지며 사랑하기를 부모 못지않게 하니 사람들이 많이 칭찬하였다.'

성담수에 대해 「성종⁴**실록**」에 실린 기록이에요.

위인 성담수   **시대** 조선
출생-사망 ?~1456년   **직업** 학자

오늘의 사자성어

安 편안할 **안**
貧 가난할 **빈**
樂 즐길 **낙**
道 길 **도**

가난한 생활을 하면서도 **처지에 연연하지 않고, 편안한 마음으로 자신의 도를 즐기는 모습을** 가리켜요.

교과서 속 오늘의 낱말

1 **주도하다** 주동적인 처지가 되어 이끈다는 뜻이에요.

2 **말단** 맨 끄트머리, 또는 조직에서 제일 아랫자리에 해당하는 부분을 말해요.

3 **가산** 한집안의 재산이에요.

4 **실록** 사실을 있는 그대로 적은 기록이에요.

퀴즈! 꼭 알고 가기 성담수

1. 다음 중 성담수에 대한 설명으로 <u>틀린</u> 것을 고르세요.

① 가족끼리 서로 아끼고 보살폈어요.
② 끝내 벼슬을 마다하고 시와 낚시로 세월을 보낼 뿐이었어요.
③ 평생 관직을 멀리했지만 고향에서 장사로 돈을 많이 벌었어요.
④ 아버지가 돌아가셔서 큰 충격을 받았어요.

2. 다음 문장에 어울리는 낱말을 적으세요.

☐ ☐ 이란 임금이 재위하는 동안의 모든 사실을 적은 기록을 가리키기도 해요.

정답 p. 221

#예순일곱 번째 위인

단종에 대한 절개와 의리로 한평생 벼슬하지 않은 생육신 **남효온**

　오늘날 우리는 사육신과 생육신을 충성스러운 신하로 기억합니다. 하지만 당시 세조 임금과 그 아래 권력을 잡은 신하들에게는 어땠을까요? 사육신과 생육신들을 보면 반역자, 위험인물, 최소한 눈엣가시로 보였을 거예요. 대부분의 관리들은 세조와 심복들에게 *긍긍업업 자세를 낮추어야 했을지도 모르지요.

　하지만 꿋꿋이 자신이 생각하는 정도를 주장하고, 옳은 일을 한 사람들을 기록해 남긴 사람이 바로 남효온이에요.

　남효온은 단종의 어머니 현덕왕후가 묻힌 소릉을 서인의 묘에서 왕가의 능으로 복위해야 한다는 상소를 올렸다가, 거센 반발을 받고 관직에 나가는 길을 포기했어요. 게다가, **¹금기**로 여겨졌던 사육신의 이야기를 「육신전」이라는 이름으로 **²저술했어요**.

　이후 낚시, 글쓰기, 유랑으로 시간을 보내다가 39세의 나이로 **³요절했고**, 단종의 어머니 현덕왕후의 능인 소릉 복위 상소를 구실로 **⁴부관참시**까지 당했어요.

　후에 소릉 복위가 실현되며 좌승지에 **⁵추증되어** 명예를 되찾았지요.

위인 남효온　　**시대** 조선
출생-사망 1454~1492년　**직업** 학자

오늘의 사자성어

兢 조심할 긍
兢 조심할 긍
業 일 업
業 일 업

항상 조심하여 삼가는 마음, **늘 경계하고 위태롭게 여겨 두려워하는 태도**를 이르는 말이에요.

교과서 속 오늘의 낱말

1 **금기**   마음에 꺼려서 하지 않거나 피하는 거예요.

2 **저술하다**   글이나 책을 쓴다는 의미예요.

3 **요절하다**   젊은 나이에 죽는다는 뜻이에요.

4 **부관참시**   죽은 뒤에 큰 죄가 드러난 사람에게 내리는 벌이에요. 무덤을 파고 관을 꺼내어 시체를 베거나 목을 잘라 거리에 내걸었어요.

5 **추증되다**   나라에 공로가 있는 벼슬아치가 죽은 뒤에 품계가 높아지는 것을 말해요.

 꼭 알고 가기 **남효온**

1. 남효온이 사육신에 대해 기록한 저서의 이름은 무엇인가요?

   ① 훈민정음
   ② 용비어천가
   ③ 금오신화
   ④ 육신전

2. 다음 문장에 어울리는 낱말을 적으세요.

   불교에서는 살생을 ☐☐ 시하여, 승려들은 고기를 먹지 않는다.

 p. 221

 #예순여덟 번째 위인

왜장을 붙들고 강물로 투신하여 순국한 의로운 여성 논개

논개는 진주의 관기로, 선조 26년 임진왜란 중 진주성이 왜군에게 함락될 때 왜장을 유인하여 ¹**순국한** 의로운 여성이에요.

기녀로서 일본군 ²**적장**을 촉석루로 유인하여 남강에 빠뜨리고 순국한 사실은 당시 많은 사람들의 입에 오르내리며 칭송받았어요. 특히 진주 사람들은 논개가 *살신성인의 마음으로 ³**애국한** 사실을 기리고 후세에 전하기 위해 노력했어요. 논개가 순국한 바위에 의로운 행동이 일어난 바위라는 뜻의 義巖(의암)이라는 글자를 새기고 추모했지요.

하지만 임진왜란 중의 충신·효자·열녀를 뽑아 편찬한 책에는 논개의 순국이 실리지 않았어요. 유교 윤리에 따라 기생 신분인 논개를 널리 칭찬할 수 없다는 이유로, 논개의 애국은 한동안 정당하게 평가받지 못했던 것이었습니다.

논개에 대한 국가적 보상은 18세기 초에 이뤄졌습니다. 의암사적비를 세웠고 논개를 의로운 기생 즉, 의기라 칭했으며, ⁴**추모제**를 성대히 열었지요.

위인 논개 **시대** 조선
출생-사망 ?~1593년 **직업** 기녀

| 오늘의 사자성어 |

殺 죽일 살
身 몸 신
成 이룰 성
仁 어질 인

자기의 몸을 희생하여 인을 이룸 즉, **스스로를 희생하여 도리를 지키는 자세**를 뜻해요.

| 교과서 속 오늘의 낱말 |

1 **순국하다** 나라를 위하여 목숨을 바친다는 의미예요.
2 **적장** 적군의 장수를 뜻해요.
3 **애국하다** 자기 나라를 사랑하는 거예요.
4 **추모제** 죽은 사람을 그리며 생각하는 뜻에서 지내는 제를 가리키는 말이에요.

 꼭 알고 가기

1. 논개가 왜장과 함께 뛰어든 강의 이름은 무엇인가요?

    ① 한강

    ② 남강

    ③ 압록강

    ④ 영산강

2. 다음 문장에 어울리는 낱말을 적으세요.

    내 꿈은 ☐☐☐☐ 으로 사람들을 구하는 소방관이 되는 거예요.

정답 p. 221

#예순아홉 번째 위인

임진왜란 7년간 군대를 지휘하며 행주 대첩에서 승리한 **권율**

임진왜란 하면 이순신 장군만을 떠올리기 쉬운데, ¹**못지않게** 중요한 명장이 바로 권율이에요. 행주 대첩을 지휘하여 승리를 거둔 ²**명장**이지요.

권율은 45세라는 당시로선 늦은 나이에 과거에 급제했고, 과거 시험 성적도 중간보다 아래에 걸쳐 있었어요. 낮은 자리의 벼슬을 받아 ³**차근차근** 조금씩 승진하며 여러 관직을 거치던 중이었지요. 조선 시대 기준으로는 노년에 가까운 나이인 55세에 임진왜란이 일어났고, 뛰어난 공을 세워 지금까지 이름을 남기고 있으니 *등고자비의 과정이었다 해도 지나치지 않을 거예요.

행주 대첩은 공격과 후퇴, 반격에 반격을 거듭하는 ⁴**격전**이었다고 전해집니다. 권율이 지휘하는 조선군은 백성들과 합심하여 싸웠고, 여성들까지 긴 치마를 잘라 돌을 나르며 전투에 참여했다고 해요.

행주 대첩은 이순신 장군의 한산도 대첩, 김시민 장군의 진주 대첩과 함께 임진왜란의 3대 대첩으로 꼽혀요. 그만큼 임진왜란에서 조선이 승리를 거두는 데 중요한 역할을 한 싸움이지요.

위인 권율 **시대** 조선
출생-사망 1537~1599년 **직업** 장군

오늘의 사자성어

登 오를 등
高 높을 고
自 스스로 자
卑 낮을 비

높은 곳에 오르려면 스스로 낮아져야 한다 즉, **모든 것은 순서가 있어야 한다**는 의미예요.

교과서 속 오늘의 낱말

1 **못지않다** 수준이나 정도가 뒤지지 않음을 의미해요.
2 **명장** 이름난 장수를 가리켜요.
3 **차근차근** 말이나 행동 따위를 아주 찬찬하게, 순서에 따라 조리 있게 하는 모양이에요.
4 **격전** 세차게 싸움 또는 세찬 싸움이라는 뜻이에요.

 꼭 알고 가기 **권율**

1. 임진왜란의 3대 대첩이 아닌 전투를 고르세요.

   ① 한산도 대첩
   ② 행주 대첩
   ③ 귀주 대첩
   ④ 진주 대첩

2. 다음 문장에 어울리는 낱말을 적으세요.

   우리가 한마음으로 ☐☐ 하면 못할 일이 없다.

 p. 221

#4절

 박문수
 한석봉
 김홍도
 김삿갓
 김정호

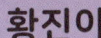 황진이
 홍경래
 윤봉길
 안중근
 김구

#일흔 번째 위인

현실에 안주하지 않고 진보적 사상을 펼친 실학자 박지원

　박지원은 명문가의 후손으로 태어났지만, 할아버지가 돌아가시면서 생활이 어려워졌어요. 생원과 진사를 뽑는 시험에서 장원을 차지했으나 과거 시험에서는 뜻을 이루지 못했지요. 이후로 박지원은 공부와 글쓰기에 전념하며 ¹**세월**을 보냈어요.

　그러던 어느 날, 박지원은 청나라에 파견 가는 ²**사절단**의 수행원으로 따라가게 되었어요. 당시 조선에는 청나라에 대해 안 좋은 감정이 있었어요. 전쟁에서 조선이 굴욕적으로 항복했으니, 어쩔 수 없이 청나라에 형식적인 ³**사대주의** 외교를 하는 상황이었지요.

　그러나 압록강을 건너 북경에 다다르고, 청나라 황제가 별궁을 짓던 열하를 지나며 박지원은 신세계를 느꼈어요. 청나라에서 접한 다양한 사상과 문화는 박지원에게 큰 충격이었을 거예요.

　조선에 돌아온 박지원은 청나라의 ⁴**선진적인** 모습을 「열하일기」에 자세히 적었어요. *실사구시에 입각하여 발전된 문물을 배우고, 실천하자는 실학사상을 펼쳤답니다.

위인 박지원　　　　**시대** 조선
출생-사망 1737~1805년　**직업** 학자

오늘의 사자성어

實 열매 실
事 일 사
求 구할 구
是 옳을 시

사실을 토대로 진리를 탐구하는 일 즉, **정확한 고증을 바탕으로 하는 과학적이고 객관적인 학문 태도**를 가리켜요.

교과서 속 오늘의 낱말

1 **세월**   흘러가는 시간을 이르는 말이에요.
2 **사절단**   나라를 대표하여 일정한 사명을 띠고 외국에 파견되는 사람들이에요.
3 **사대주의**   주체성이 없이 세력이 강한 나라나 사람을 받들어 섬기는 태도예요.
4 **선진적이다**   단계가 발전되어 앞서 있는 모습이에요.

퀴즈! 꼭 알고 가기 박지원

1. 다음 중 박지원이 청나라에 다녀와서 집필한 책의 이름은 무엇인가요?

   ① 난중일기
   ② 열하일기
   ③ 백범일지
   ④ 사씨남정기

2. 다음 문장에 어울리는 낱말을 적으세요.

   외국산이라고 무조건 좋은 줄 아는 건 ☐☐☐☐ 야.

   요즘은 해외에서 오히려 우리나라 문화에 관심이 높다고.

#일흔한 번째 위인

의적이 되어 반란을 일으킨
임꺽정

　임꺽정을 설명하는 '의적'이 무슨 뜻인지 알고 있나요? 남의 물건을 훔치거나 빼앗는 사람을 도둑 또는 도적이라고 하는데, '의적'은 ¹**의로운** 도적이란 뜻이에요. 도적이 어떻게 의롭다는 평가를 받을 수 있는지, 임꺽정은 어떤 사연으로 도적이 된 건지 궁금해져요.

　임꺽정은 경기도 양주의 ²**백정** 자식으로 태어났어요. 당시 백정은 천대받는 신분이었기에, 억울한 일이 있어도 속상함이나 불만을 드러낼 수 없었지요. 여러 해 흉년이 계속되며, 관리들은 힘없는 백성을 ³**쥐어짰고** 임꺽정은 사람들을 모아 ⁴**민란**의 우두머리가 되었어요.

　임꺽정은 무기를 갖추어 황해도 구월산을 소굴로 삼았어요. 한양을 포함한 여러 지역에서 *탐관오리들을 죽이고, 재물을 훔쳐 가난한 사람들에게 나누어 주었지요.

　기록에 따라 임꺽정이 인간적인 의적인지, 민가에 횡포를 부린 범죄자에 불과한지 평가는 엇갈린답니다.

위인 임꺽정　　**시대** 조선
출생-사망 ?~1562년　**직업** 의적

오늘의 사자성어

貪 탐할 **탐**
官 벼슬 **관**
汚 더러울 **오**
吏 벼슬아치 **리**

백성의 재물을 탐내어 빼앗는, **행실이 깨끗하지 못한 관리를** 뜻해요.

교과서 속 오늘의 낱말

1 **의롭다** 정의를 위한 의기가 있다는 뜻이에요.

2 **백정** 소나 개, 돼지 등을 잡는 일을 직업으로 하는 사람이에요.

3 **쥐어짜다** 억지로 쥐어서 비틀거나 눌러 액체 따위를 꼭 짜낸다는 뜻으로, 끈질기게 떼를 쓰며 조르고 괴롭히는 모습을 가리키기도 해요.

4 **민란** 포악한 정치 등에 반대하여 백성들이 일으킨 폭동이에요.

 꼭 알고 가기 **임꺽정**

1. 다음 중 임꺽정 이야기의 교훈으로 잘못된 것을 고르세요.

   ① 의로운 곳에 쓴다면 남의 것을 훔쳐도 돼.
   ② 지도자가 재물만 탐하면 국민들에겐 반발심이 싹트지.
   ③ 얼마나 탐관오리들에게 시달렸으면 도둑에게 의롭다 했을까?
   ④ 사람을 차별하면 안 돼. 임꺽정도 백정이라고 천대하니 더 반발심이 들었을 거야.

2. 다음 문장에 어울리는 낱말을 적으세요.

   홍길동, 임꺽정, 장길산은 우리 역사와 문학에 기록된 ☐☐ 이다.

 p. 221

청나라와 화의를 끝까지 반대하다 처형당한 삼학사 홍익한

　인조 임금 시절, 조선은 청나라와의 병자호란으로 큰 ¹곤욕을 치렀습니다. ²청나라는 자신들은 임금 나라, 조선은 신하 나라의 관계를 요구했어요. 이를 조선이 물리치자, 청나라 왕 태종이 20만 대군을 거느리고 조선에 침략해 왔어요. 인조 임금은 삼전도에서 청나라에 공식적으로 항복하고 말았어요.

　이때 화의를 *절치부심으로 끝까지 반대한 세 명의 학자가 있었으니 '삼학사'라 했어요. 홍익한, 윤집, 오달제를 가리켜 ³척화 삼학사라 부르지요. 이들은 청나라가 제시한 모욕적인 조건을 ⁴거부하고, 청나라 사신들을 죽여야 한다고 주장했답니다.

　세 사람은 청나라에 끌려가 고문을 당했어요. 홍익한은 청나라 왕 태종 앞에서 가장 먼저 처형을 당하면서도 끝까지 뜻을 굽히지 않았습니다. 후에 조선에서는 홍익한에게 '충정'이라는 시호를 내렸답니다. 시호란 죽은 사람에게 공덕을 칭송하여 붙인 이름이에요.

위인 홍익한　　**시대** 조선
출생-사망 1586~1637년　**직업** 정치가

오늘의 사자성어

切 끊을 절
齒 이 치
腐 썩을 부
心 마음 심

몹시 분하여 이를 갈며 속을 썩이는 모습을 나타내요.

교과서 속 오늘의 낱말

1 **곤욕** 심한 모욕. 또는 참기 힘든 일을 가리켜요.

2 **청나라** 중국의 마지막 왕조로, 여진족의 누르하치가 여러 부족을 통일하여 후금국을 세우고, 그 아들 태종이 국호를 청나라로 고쳤어요.

3 **척화** 화친하자는 논의를 거부하고 밀어낸다는 뜻이에요.

4 **거부하다** 요구나 제의를 받아들이지 않고 물리친다는 의미예요.

퀴즈! 꼭 알고 가기 홍익한

1. 다음 중 청나라에 대해 뜻이 다른 인물을 고르세요.

   ① 홍익한
   ② 윤집
   ③ 오달제
   ④ 박지원

2. 다음 문장에 어울리는 낱말을 적으세요.

   비장한 표정과 눈빛을 보니 그간 네가 얼마나 ☐☐☐☐ 했을지가 느껴진다.

#일흔세 번째 위인

청나라와 화의를 끝까지 반대하다 처형당한 삼학사 **윤집**

삼학사의 한 사람인 윤집은 열셋에 아버지를 여의고 형을 따라 공부해 과거에 급제했어요. 5품 벼슬인 교리로 재직하고 있을 무렵, 병자호란이 일어났지요.

조선의 운명이 *존망지추에 이르자 몇몇 신하들은 청나라에 ¹**화친**을 제안하자고 건의했습니다. 이때 윤집은 상소를 올려 국왕이 ²**간사한** 신하만을 가까이하면 나라를 잃어버릴 거라고 경고했어요.

하지만 ³**대세**는 어찌할 수 없어 화의가 성립되었고, 윤집은 청나라에 끌려가고 말았어요. 청나라는 고문과 ⁴**회유**를 반복하며 뜻을 꺾으려 했지만, 윤집을 포함한 삼학사 모두 절개를 조금도 굽히지 않았지요.

끝내 윤집은 처형당했고, 후에 조선에서는 그에게 '충정'이라는 시호를 내렸습니다.

위인 윤집 **시대** 조선
출생-사망 1606~1637년 **직업** 정치가

오늘의 사자성어

存 있을 존
亡 망할 망
之 어조사 지
秋 가을 추

존속과 멸망, 생존과 사망이 결정되는 아주 절박한 경우나 시기를 의미해요.

교과서 속 오늘의 낱말

1 화친　나라와 나라 사이에 다툼 없이 가까이 지내는 거예요.

2 간사하다　원칙을 따르지 않고 자기의 이익에 따라 변하거나 꾀를 부리는 태도를 말해요.

3 대세　일이 진행되어 가는 결정적인 모양새를 가리키는 말이에요.

4 회유　어루만지고 잘 달래어, 시키는 말을 듣도록 하는 것을 뜻해요.

퀴즈! 꼭 알고 가기 — 윤집

1. 조선 인조 14년에 청나라가 침입한 전쟁의 이름을 고르세요.

    ① 정유재란
    ② 임진왜란
    ③ 병자호란
    ④ 병인양요

2. 다음 문장에 어울리는 낱말을 적으세요.

    나라 살림이 ☐☐☐☐ 의 위기인데 대통령과 지도층은 변명에 급급하다.

정답 p. 221

#일흔네 번째 위인

청나라와 화의를 끝까지 반대하다 처형당한 삼학사 **오달제**

병자호란의 결과로 조선은 청나라와 굴욕적인 조건으로 싸움을 그치기로 했어요. 삼전도에서 인조 임금이 행한 삼배구고두례는, 청나라가 임금이고 조선은 신하임을 인정하는 절차였기에 당시 조선인들은 큰 충격과 상처를 받을 수밖에 없었습니다.

청나라는 화의를 거부한 조선의 척화론자들에게 전쟁의 **1책임**을 돌렸어요. 이때 오달제는 윤집과 함께 자진해서 척화론자로 나서며 적진인 청나라로 끌려갔습니다.

청나라 장군 용골대는 오달제에게 가족들을 데려와 청나라에서 살라며 **2구슬렸어요**. 그러나 오달제는 *간명범의를 행하느니 죽는 것이 낫고, 청나라의 협박에 굴복함은 곧 **3오랑캐**가 되는 것이라며 끝까지 항변했습니다.

결국 오달제는 청나라 심양성의 서문 밖에서 홍익한, 윤집과 함께 처형당하고 말았지요. 후에 조선에서는 오달제에게 '충렬'이라는 **4시호**를 내렸습니다.

위인 오달제　**시대** 조선
출생-사망 1609~1637년　**직업** 정치가

오늘의 사자성어

干 방패 간
名 이름 명
犯 범할 범
義 옳을 의

명분을 거스르고 의리를 어기는 행위 즉, **주어진 은혜나 규범을 무시하고 배반하는 행위를** 뜻합니다.

교과서 속 오늘의 낱말

1 **책임** 　결과에 대하여 지는 의무나 부담을 의미해요.

2 **구슬리다** 　그럴듯한 말로 꾀어 마음을 움직이는 거예요.

3 **오랑캐** 　예전에 두만강 일대의 만주 지방에 살던 여진족을 멸시하여 이르던 말이에요.

4 **시호** 　죽은 뒤에 공덕을 칭송하여 붙인 이름이에요.

퀴즈! 꼭 알고 가기 오달제

1\. 다음 중 성격이 <u>다른</u> 사자성어를 고르세요.

① 와신상담

② 사생결단

③ 간명범의

④ 절치부심

2\. 다음 문장에 어울리는 낱말을 적으세요.

삼학사의 기개는 대단하나, 당시 조선이 ☐ 나라의 힘을 당해내기는 무리였어요.

 p. 221

#일흔다섯 번째 위인

탐관오리를 벌하고 백성을 위한 조치를 취한 어사 **박문수**

암행어사란, 조선 시대에 임금님의 특별한 명을 받은 일종의 **¹임시** 벼슬이에요. *동분서주 방방곡곡을 누비며 관리들이 잘하고 있는지 몰래 조사하고, 백성들의 어려움을 해결했지요.

암행어사 하면 떠오르는 인물이 박문수지만, 사실 박문수는 암행을 하는 어사는 아니었어요. 박문수가 영남 일대를 맡은 어사로 파견되어 많은 업적을 쌓은 것은 사실이에요. **²탐관오리**들을 벌하고, 세금으로 거둔 곡식은 백성을 위해 먼저 쓰도록 했지요. 또, 한양에서 멀리 떨어진 곳들까지 좋은 인물들을 신경 써서 관리로 파견해야 한다고 조정에 **³요청하기도** 했습니다.

이런 일들이 백성들에게 알려지고 믿음을 얻게 되니, 마치 박문수가 암행도 한 듯이, 어사의 대표적인 인물인 듯이 사람들에게 **⁴인식된** 거예요. 박문수는 어사로서뿐만 아니라, 병조 판서와 호조 판서로 **⁵재직하며** 조선을 위해 힘써 일했어요. 나라 재정을 정비하고, 백성들의 세금 부담을 줄이는 데에도 공을 세웠습니다.

위인 박문수   **시대** 조선
출생-사망 1691~1756년   **직업** 정치가

오늘의 사자성어

東 동녘 **동**
奔 달아날 **분**
西 서녘 **서**
走 달릴 **주**

동쪽으로 뛰고 서쪽으로 뛴다는 뜻으로, **사방으로 이리저리 몹시 바쁘게 돌아다님**을 이르는 말이에요.

교과서 속 오늘의 낱말

1 **임시**   미리 얼마 동안으로 정하지 않은 잠시 동안을 가리켜요.

2 **탐관오리**   백성의 재물을 탐내어 빼앗으며 행실이 깨끗하지 못한 관리를 말해요.

3 **요청하다**   필요한 어떤 일이나 행동을 청한다는 뜻이에요.

4 **인식하다**   사물을 분별하고 판단하여 아는 거예요.

5 **재직하다**   어떤 직장에 소속되어 근무하고 있음을 뜻해요.

퀴즈! 꼭 알고 가기 박문수

1. 다음 중 박문수의 업적이 아닌 것을 고르세요.

① 왜적을 무찔렀어요.
② 어사로서 탐관오리들을 벌했어요.
③ 백성들의 세금 부담을 줄이는 데 힘을 보탰어요.
④ 지방 관리의 임명 기준을 높이고자 했어요.

2. 다음 문장에 어울리는 낱말을 적으세요.

이모가 2년간 해외 ☐☐ 근무를 가게 되었다.

방학 때 이모가 일하는 나라에 놀러 갈 수 있을까?

 p. 221

#일흔여섯 번째 위인

우리나라를 대표하는
명필 서예가 한석봉

"불을 끄고 나는 떡을 썰 테니 너는 글씨를 쓰거라!"

어머니가 썬 떡은 크기와 두께가 ¹**고른데**, 아들이 쓴 글씨는 삐뚤빼뚤 ²**엉망**이었어요. 아들은 공부는 끝이 없음을 깨닫고 다시 돌아가 열심히 글을 익혀 최고의 ³**명필**이 되었지요. 바로 한호의 어린 시절 이야기예요.

'한호'라는 이름보다 호인 '석봉'을 붙여 잘 알려진 한석봉은 가난한 양반집의 아들이었어요. 책 읽기, 글씨 쓰기를 좋아했지만 종이와 먹을 살 돈이 부족할 정도로 형편이 어려워, 붓에다 물을 찍어 돌 위에 글씨를 쓰며 연습을 했지요.

한호는 나라의 문서를 작성하는 관리가 되었습니다. *일필휘지 뛰어난 글씨로 명나라에까지 ⁴**명성**을 떨쳤지요.

도산 서원, 옥산 서원 등 이름난 곳의 현판에도 한석봉의 글씨가 걸려 있어, 오늘날까지 명필의 글씨를 감상할 수 있답니다.

위인 한석봉   **시대** 조선
출생-사망 1543~1605년   **직업** 명필가

오늘의 사자성어

一 하나 **일**
筆 붓 **필**
揮 휘두를 **휘**
之 갈 **지**

글씨를 단숨에 죽 내리쓰는 모습 즉, 글씨를 대단히 힘 있게 잘 쓰는 모습을 가리켜요.

교과서 속 오늘의 낱말

1 **고르다** 여럿이 다 높낮이, 크기, 양 따위의 차이가 없이 한결같다는 뜻이에요.

2 **엉망** 일이나 사물이 헝클어져서 갈피를 잡을 수 없을 만큼 결딴이 나거나 어수선한 상태를 말해요.

3 **명필** 매우 잘 쓴 글씨. 또는 글씨 잘 쓰기로 이름난 사람을 가리켜요.

4 **명성** 세상에 널리 퍼져 평판 높은 이름을 의미해요.

 꼭 알고 가기 **한석봉**

1. 매우 잘 쓴 글씨 또는 글씨 잘 쓰기로 이름난 사람을 무엇이라고 하나요?

    ① 하필

    ② 연필

    ③ 명필

    ④ 분필

2. 다음 문장에 어울리는 낱말을 적으세요.

    석봉은 한호의 ▢ 예요.

 p. 221

 #일혼일곱 번째 위인

사람들의 생활을 실감 나게 그려 낸 풍속화의 대가 **김홍도**

옛날 우리나라 그림을 떠올리면 어떤 장면이 생각나나요? 기암괴석이 즐비한 **¹산수화**, 고요한 강가의 뱃놀이와 같이 *강산풍월을 그려 낸 작품도 있을 것이고, 왕족의 초상, 나라의 중요한 행차를 기록한 작품도 있을 것 같아요. 부처님을 그린 탱화나 신선을 그린 그림도 있고, 꽃과 곤충, 과일, 동식물을 그린 작품들도 있지요.

김홍도는 **²화원**으로 재직하며 조선 영조 임금의 **³어진**을 그렸고, **⁴어명**을 받아 금강산 일대를 여행하며 **⁵명승지**를 그려 바치기도 했어요. 김홍도 그림의 독특한 점은 일반 사람들의 풍습, 매일매일 살아가는 모습을 익살스러우면서도 품위 있게 그렸다는 거예요. 이러한 그림을 풍속화라고 한답니다.

훈장님에게 혼난 소년과 킥킥대는 친구들, 벼 타작하는 농민들, 씨름판과 구경꾼들, 엿 파는 아이 등 조선 시대 평범한 사람들의 생생한 일상을 김홍도의 작품에서 엿볼 수 있습니다.

위인 김홍도 **시대** 조선
출생-사망 1745~? **직업** 화가

오늘의 사자성어

江 강 강
山 메 산
風 바람 풍
月 달 월

강과 산, 바람과 달이니 곧 **자연의 아름다운 풍경을** 뜻하는 말이에요.

교과서 속 오늘의 낱말

1 **산수화** 동양화에서 산과 물이 어우러진 자연의 아름다움을 그린 그림이에요.
2 **화원** 조선 시대에 그림에 관한 일을 맡아 하던 관아인 도화서에서 일하는 사람을 가리켜요.
3 **어진** 임금의 얼굴을 그린 그림이에요.
4 **어명** 임금의 명령을 이르던 말이에요.
5 **명승지** 경치가 좋기로 이름난 곳이에요.

퀴즈! 꼭 알고 가기 김홍도

1. 사람들의 일상을 그린 그림을 무엇이라고 하나요?

   ① 풍속화
   ② 풍습화
   ③ 풍경화
   ④ 풍물화

2. 다음 문장에 어울리는 낱말을 적으세요.

   임금님의 명령을 ☐☐ 이라고 해요.

#일흔여덟 번째 위인

삿갓을 쓰고 세상을 떠돌며 풍자시를 쓴 김삿갓

장원 급제에 오른 선비 김병연의 집에 ¹**통곡** 소리가 가득했어요. 과거 시험의 주제가 홍경래의 난이었는데, 김병연은 당시 전투를 포기하고 항복한 김익순이 자신의 할아버지인 줄 모른 채, 김익순을 비판하는 글을 써서 장원 급제를 했던 거예요.

"할아버님을 비방한 글을 쓰다니 후손으로서 하늘을 볼 낯이 없구나!"

모르고 한 일이었지만 할아버지를 욕했다는 ²**죄책감**, 자기가 죄인의 핏줄이라는 괴로움까지 김병연의 마음을 힘들게 했습니다. 김병연은 스스로 죄인이라 칭하며 큰 삿갓을 쓰고 ***불계지주**의 ³**방랑**길에 올랐어요.

평생 삿갓을 쓴 채 전국 곳곳을 떠돌던 시인은 사람들에게 '김삿갓', '笠(삿갓 립)' 자를 쓴 '김립'이라는 별명으로 알려졌습니다. 김삿갓은 수많은 시를 적어 남겼는데, 방랑길에 있었던 일이나 감상을 적기도 했고, 백성을 괴롭히는 높은 사람들을 비판하는 ⁴**풍자시**도 많이 썼습니다.

위인 김삿갓 **시대** 조선
출생-사망 1807~1863년 **직업** 시인

오늘의 사자성어

不 아닐 불
繫 맬 계
之 어조사 지
舟 배 주

매어 놓지 않는 배라는 뜻으로, **속세를 초월한 경지를 비유하며, 정처 없이 방랑하는 사람을** 비유하기도 해요.

교과서 속 오늘의 낱말

1 **통곡** 소리를 높여 슬피 우는 거예요.
2 **죄책감** 저지른 잘못에 대하여 책임을 느끼는 마음이에요.
3 **방랑** 정한 곳 없이 이리저리 떠돌아다님을 가리키는 말이에요.
4 **풍자** 결점을 지적하거나 잘못을 공격할 때, 우스꽝스러운 상황에 빗대거나 비유를 통해 표현하는 방식이에요.

퀴즈! 꼭 알고 가기 김삿갓

1. 다음 중 나머지 셋과 <u>다른</u> 사람은 누구인가요?

    ① 김삿갓

    ② 김병연

    ③ 김립

    ④ 김홍도

2. 다음 문장에 어울리는 낱말을 적으세요.

    생각 없이 한 이야기에 친구 마음이 상한 것 같아 ☐☐☐ 이 들어. 마음을 담아 친구에게 사과 편지를 쓸 거야.

171

#일흔아홉 번째 위인

3대 지도와 지리지를 펴낸 학자 김정호

스마트폰이 없고 자동차에 내비게이션도 많지 않았을 땐 어떻게 길을 알고 다녔을까요? **¹지도**를 보고 길을 찾았다지만, 그럼 그 지도는 누가 어떻게 만들었는지, 우리 조상들은 어떤 지도를 보고 다녔을지 궁금하지 않나요?

조선시대에도 지도가 있었고, 가장 많은 지도를 제작한 지리학자가 바로 김정호입니다. 김정호는 우리나라 *방방곡곡의 고을 위치와 땅의 모양들을 **²집대성하여**, 과학적인 지도를 만든 학자예요. 특히 청구도, 동여도, 대동여지도는 3대 지도로 꼽히지요. 대동여지도는 산줄기와 물줄기가 상세하고 정확하게 표현되어 있는 우리나라 최고의 지도입니다. 한 권의 책으로 접고 펼 수 있게 만들어 휴대가 간편하고 보기도 쉽지요.

지도만 만든 것이 아니에요. 지도에 등장하는 **³기호**를 보는 방법, 지도를 어떻게 이용하면 편리한지 등을 다룬 책들을 펴내며 왕성하게 업적을 쌓았어요. 이런 **⁴분야**의 책을 '지리지'라고 한답니다.

위인 김정호 **시대** 조선
출생-사망 ?~? **직업** 지리학자

오늘의 사자성어

坊 동네 **방**
坊 동네 **방**
曲 굽을 **곡**
曲 굽을 **곡**

한 군데도 빠짐이 없는 모든 곳을 의미해요.

교과서 속 오늘의 낱말

1 **지도** 　 지구의 표면을 비율에 맞게 줄여, 약속된 기호들을 사용해 평면에 나타낸 그림이에요.

2 **집대성하다** 　 여러 가지를 모아 하나의 체계를 이루어 완성한다는 뜻이에요.

3 **기호** 　 어떠한 뜻을 나타내기 위하여 쓰이는 부호, 문자, 표시나 특징을 통틀어 이르는 말이에요.

4 **분야** 　 여러 갈래로 나누어진 범위나 부분을 가리켜요.

퀴즈! 꼭 알고 가기 김정호

1. 다음 중 김정호가 제작한 지도가 아닌 것을 고르세요.

    ① 대동여지도
    ② 동여도
    ③ 혼일강리역대국도지도
    ④ 청구도

2. 다음 문장에 어울리는 낱말을 적으세요.

    방학 동안 제주도에서 한 달 살기를 하며 섬 ☐☐☐☐ 을 여행했어요.

정답 p. 221

#여든 번째 위인

당쟁을 타파하고
나라를 안정시키기 위해 노력한 영조

"탕평책을 실시하여 이제부터 *불편부당, 노론과 소론을 골고루 ¹등용하겠노라!"

영조의 아버지인 숙종 때부터 조정은 붕당 정치가 심했어요. 붕당 정치는 입장에 따라 신하들이 편을 이루어 서로 비판하고 견제하는 정치 형태인데, 선조 때에 신하들이 동인과 서인으로 갈라져 싸우던 것이 시작이에요. 나중에는 노론, 소론, 남인, 북인까지 나뉘는 등 조선 후기까지 붕당 정치는 이어졌지요.

영조는 왕위에 오르는 과정에서 붕당의 안 좋은 모습들을 많이 보아 왔어요. 붕당 정치를 ²개혁하고자 붕당 간의 정치 세력에 균형을 꾀하는 탕평책을 실시하였고, 노론과 소론의 사람들을 골고루 뽑아 관리들을 구성한 결과 조정은 조금씩 ³안정되어 갔어요.

백성들의 생활에 도움을 주기 위한 제도도 정비했어요. 군대와 관련된 ⁴세금을 줄이고, 인쇄술을 ⁵개량하여 다양한 책을 펴냈습니다. 또한 신문고를 설치하여 백성의 억울하고 어려운 사연을 듣고자 노력하였습니다.

위인 영조　　　　**시대** 조선
출생-사망 1694~1776년　**직업** 왕

오늘의 사자성어

不 아닐 **불**
偏 치우칠 **편**
不 아닐 **부**
黨 무리 **당**

어느 쪽으로도 치우침 없이 아주 공평하다는 뜻이에요.

교과서 속 오늘의 낱말

1 **등용하다** 인재를 뽑아서 쓴다는 의미예요.
2 **개혁하다** 제도나 기구 따위를 새롭게 뜯어고치는 거예요.
3 **안정되다** 바뀌어 달라지지 않고 일정한 상태가 유지된다는 뜻이에요.
4 **세금** 국가 또는 지방 공공 단체가 필요한 경비로 사용하기 위하여, 국민이나 주민으로부터 거둬들이는 돈이에요.
5 **개량하다** 나쁜 점을 보완하여 더 좋게 고친다는 의미예요.

 꼭 알고 가기 **영조**

1. 조선 시대에 같은 입장끼리 편을 이루어 서로 비판하고 견제하며 행하던 정치 형태의 이름을 고르세요.

    ① 붕당 정치
    ② 독재 정치
    ③ 민주 정치
    ④ 식민 통치

2. 다음 문장에 어울리는 낱말을 적으세요.

    영조의 ☐☐☐ 은 각 당파에서 고르게 인재를 등용하는 정책이에요.

정답 p. 221

175

#여든한 번째 위인

탕평책을 계승하고
선진 개혁 정책을 펴고자 한 정조

정조는 영조에 이어 임금에 오른 조선의 제22대 왕이에요. 다만 정조는 영조의 손자였어요. 영조의 둘째 아들인 사도 ¹세자의 아들이었는데, 사도세자가 영조와의 갈등으로 ²폐위되고 영조의 명령으로 ³뒤주에 갇혀 굶어 죽는 비극이 일어났거든요.

왕위에 오르기까지 정조는 아버지를 잃는 *천붕지통만 겪은 것이 아니에요. 죄인의 아들이라는 흠집 내기를 견뎌 내고, 많은 비방과 위협도 뛰어넘어야 했어요.

정조는 임금이 되자마자 규장각을 설치하여 인재를 기르고자 했습니다. 기존 인재 모으기에 그치지 않고, 젊은 신하들을 새롭게 뽑아 교육했어요. 영조 임금의 탕평책을 ⁴계승해 발전시켰으며, 개혁 정책을 추진했어요.

수원 화성을 건설하며 선진 기술을 도입했고, 농장과 저수지를 만들어 새로운 농법을 시험하는 등 백성들이 편안하게 일하고 생활할 수 있도록 노력하는 임금이었지요.

위인 정조 **시대** 조선
출생-사망 1752~1800년 **직업** 왕

오늘의 사자성어

天 하늘 **천**
崩 무너질 **붕**
之 어조사 **지**
痛 아플 **통**

하늘이 무너지는 듯한 아픔 즉, **제왕이나 아버지의 죽음을 당한 슬픔**을 가리키는 말이에요.

교과서 속 오늘의 낱말

1 **세자** 임금의 자리를 이을, 임금의 아들을 가리키는 칭호예요.

2 **폐위되다** 왕이나 왕비 등의 자리가 폐하여진다는 말이에요.

3 **뒤주** 쌀 따위의 곡식을 담아 두는 세간이에요.

4 **계승하다** 전통이나 문화유산, 업적 등을 물려받아 이어 나간다는 뜻이에요.

 꼭 알고 가기 **정조**

1. 정조의 아버지로, 뒤주에 갇혀 생을 마감한 왕자는 누구인가요?

   ① 소헌 세자
   ② 효령 대군
   ③ 사도 세자
   ④ 안평 대군

2. 다음 문장에 어울리는 낱말을 적으세요.

   수원 ☐☐ 은 정조 임금 때 지어진 성곽이에요.

정답 p. 222

#여든두 번째 위인

유배지에서도 실학을 연구하고 저서로 남긴
정약용

다산 정약용은 조선 후기의 실학자예요. 실학이란 조선 시대에 ¹**실생활**의 유익함을 목표로 하여 새롭게 등장한 학문입니다. *경세치용에 입각하여 실제로 쓰이는 지식을 중요하게 생각한다는 특징이 있지요.

정약용은 성균관 유생으로 공부하던 시절부터 정조 임금에게 인정받았어요. 관료 생활 중 밑에 기둥을 받치지 않고 널판으로 다리를 만드는 방법을 개발하고, 수원 화성 설계를 맡아 기중기를 이용해 인력과 경비를 절약하는 등 업적도 많이 쌓았지요.

하지만 정조가 갑작스럽게 승하한 이후, 서양 학문과 ²**천주교**에 관심을 가졌다는 이유로 기나긴 정약용의 ³**유배** 생활이 시작됐어요. 친형을 잃고 많은 주변 인물들이 화를 당하며 너무 슬펐지만, 실학 연구와 책 집필에 힘썼지요.

유배를 마치고 고향에 돌아와 세상을 떠날 때까지 정약용은 「경세유표」, 「흠흠신서」, 「목민심서」, 「여유당집」 등의 ⁴**저술** 활동을 하며 조선을 개혁하고자 하는 뜻을 남겼답니다.

위인 정약용　　　**시대** 조선
출생-사망 1762~1836년　**직업** 학자

오늘의 사자성어

經 경서 경
世 세상 세
致 이를 치
用 쓸 용

경서가 세상의 쓰임새에 이르러야 한다는 뜻으로, **학문은 실질적인 이득을 줄 수 있어야 한다**는 뜻이에요.

교과서 속 오늘의 낱말

1 **실생활** 이론이나 공상이 아닌 실제의 생활이에요.
2 **천주교** 교황을 수장으로 하는 로마 가톨릭교예요.
3 **유배** 죄인을 먼 곳으로 귀양 보내는 벌이에요.
4 **저술** 글이나 책 따위를 쓰는 것. 또는 그 글이나 책을 의미해요.

 꼭 알고 가기 **정약용**

1. 다음 중 정약용의 저서가 아닌 책을 고르세요.

   ① 여유당집
   ② 목민심서
   ③ 열하일기
   ④ 경세유표

2. 다음 문장에 어울리는 낱말을 적으세요.

   죄인이 되어 먼 곳으로 귀양 가는 ☐☐는 큰 벌이었어요.

 p. 222

 #여든세 번째 위인

개혁의 큰 뜻을 품고 농민 운동을 펼친 혁명가 전봉준

　아버지가 탐관오리 조병갑에게 저항하다 ¹**곤장**을 맞고 세상을 떠나면서, 전봉준의 집안 형편은 어려워졌어요. 거처를 옮긴 전봉준은 농사도 짓고 마을의 ²**훈장** 선생님 노릇도 하며 생계를 이어 나갔지요. 전봉준은 '사람이 곧 하늘'이라 주장하는 민족 종교 동학을 믿게 되었어요.

　동학의 지도자가 된 전봉준은 농민 군대를 조직했고, ³**봉기**를 일으켰어요. 이에 조정에서는 조병갑을 처벌했으나 뒤이어 내려온 관리는 동학을 믿는 사람들을 탄압했고, 전봉준은 다른 지역의 동학 지도자들에게 연락을 취해 도움을 요청했어요.

　대장이 된 전봉준은 *보국안민의 가치를 내세워 동학 농민 ⁴**혁명**을 일으켰어요. 부안, 정읍, 영광, 장성, 전주 등 여러 지역에서 동학 농민군은 승리를 거두며 진격했지요.

　동학 농민군은 후에 정부군과 일본군에게 진압되었고 전봉준은 교수형에 처해졌지만, 혁명 정신은 후에 우리 민족의 항일 의병 투쟁과 3·1 운동 정신으로 이어졌습니다.

위인 전봉준　　　　**시대** 조선
출생-사망 1855~1895년　**직업** 혁명가

오늘의 사자성어

輔 도울 보
國 나라 국
安 편안할 안
民 백성 민

나랏일을 돕고 백성을 편안하게 함을 의미해요.

교과서 속 오늘의 낱말

1 **곤장** 예전에 죄인의 볼기를 치던 형벌 또는 그 형벌에 쓰이는 도구를 뜻해요. 나무로 된 넓적하고 긴 몽둥이예요.

2 **훈장** 옛날에 서당에서 한문을 가르치는 선생님을 가리키는 말이에요.

3 **봉기** 벌떼처럼 떼 지어 세차게 일어남을 뜻해요.

4 **혁명** 이전의 관습이나 제도, 방식 따위를 단번에 깨뜨리고 완전히 새로운 것을 세우는 거예요.

 꼭 알고 가기 **전봉준**

1. 다음 중 전봉준에 대해 <u>틀린</u> 설명을 고르세요.

   ① 동학의 지도자였어요.
   ② 천주교를 믿었어요.
   ③ 아버지가 탐관오리에 저항하다 세상을 떠났어요.
   ④ 뜻을 같이하는 농민들과 혁명을 일으켰어요.

2. 다음 문장에 어울리는 낱말을 적으세요.

   스마트폰이 처음 등장했을 때 ☐☐이나 다름없었다.

 p. 222

어든네 번째 위인

우리나라 최초의 천주교 신부
김대건

오늘날 우리는 종교의 자유를 당연한 것으로 생각하지만, 김대건이 살던 당시 조선은 유학이 주류였고, 천주교는 서학이라 하여 ¹**배척했어요**.

김대건은 ²**독실한** 천주교 집안에서 태어났어요. 김대건의 증조할아버지와 아버지는 ³**순교자**였지요. 세례를 받은 김대건은 마카오로 넘어가 라틴어, 철학, 신학 등을 공부했습니다. 중국 상하이에서 ⁴**사제** 서품을 받은 김대건은 신부가 되었어요.

박해가 매우 심했기에 많은 사람들이 만류했지만, 조선에 천주교 교리와 문화를 전파하겠다는 *초지일관 김대건의 뜻은 변함없었지요. 결국 김대건 신부는 조선에 몰래 입국하여 비밀스럽게 천주교를 전파하다가 순교했어요.

1984년 한국 가톨릭 200주년을 맞아 우리나라에 온 교황 성 요한 바오로 2세는, 김대건 신부를 포함한 우리나라의 순교자 103명을 천주교 성인으로 선포했습니다.

위인 김대건　　**시대** 조선
출생-사망 1822~1846년　**직업** 신부

오늘의 사자성어

初 처음 초
志 뜻 지
一 하나 일
貫 꿸 관

처음에 세운 뜻을 끝까지 밀고 나가는 모습을 뜻해요.

교과서 속 오늘의 낱말

1 **배척하다** 따돌리거나 거부하여 밀어 내친다는 뜻이에요.

2 **독실하다** 믿음이 두텁고 성실함을 의미해요.

3 **순교자** 자기가 믿는 신앙을 지키기 위하여 목숨을 바친 사람이에요.

4 **사제** 주교와 신부를 통틀어 이르는 말이자 주교 아래의 성직자를 가리키는 말이에요.

퀴즈! 꼭 알고 가기 김대건

1. 김대건이 교리와 문화를 전파하고자 했던 종교는 무엇인가요?

   ① 천도교
   ② 불교
   ③ 천주교
   ④ 힌두교

2. 다음 문장에 어울리는 낱말을 적으세요.

   나는 뜻을 바꾼 적이 없어.
   지금까지 ☐☐☐☐ 그대로이고 앞으로도 그럴 거야.

정답 p. 222

#여든다섯 번째 위인

자유로운 예술을 꿈꿨던
황진이

기녀라 하면 어떤 사람이 떠오르나요? **¹나리**들이 술과 음식을 즐기는 자리에서 노래를 부르는 여성, 잔치에서 가야금을 뜯거나 북춤을 추는 여성, 흥을 돋우는 모습 등이 생각날 거예요.

한데 기녀들 중 한시와 시조에 뛰어나며, 뛰어난 선비들과 글로써 **²교류한** 인물도 있어요. 조선 시대 여성에게 가해지는 많은 제한과 신분의 한계에도 불구하고, 총명함과 재능을 맘껏 뽐낸 황진이랍니다.

황진이가 언제 태어나서 세상을 떠났는지, 성장 배경은 어떠한지는 여러 가지 기록을 보면, 개성 출신이라는 점 외에는 정확히 알 수 없어요. **³사대부**의 **⁴첩**이 되기보다는 *자유분방하게 활동할 수 있는 기녀의 삶을 택했으리라 짐작될 뿐이에요.

황진이는 당대 유명한 학자인 서경덕의 제자가 되어 글공부를 하고, 선비들과 시를 나누며 「청산리 벽계수야」, 「동짓달 기나긴 밤을」 등 여러 작품을 남겼답니다.

위인 황진이 **시대** 조선
출생-사망 ?~? **직업** 기녀

오늘의 사자성어

自 스스로 자
由 말미암을 유
奔 달아날 분
放 놓을 방

격식이나 관습에 얽매이지 않고 자유롭게 행동함을 가리켜요.

교과서 속 오늘의 낱말

1 **나리** 지체가 높거나 권세가 있는 사람을 높여 부르는 말이에요.

2 **교류하다** 문화나 사상 따위를 서로 통하게 한다는 의미예요.

3 **사대부** 양반을 일반 평민층에 상대하여 이르는 말이자, 벼슬이나 문벌이 높은 집안의 사람을 두루 의미해요.

4 **첩** 옛날에, 아내 외에 데리고 사는 여인을 가리키는 말이에요.

 꼭 알고 가기 **황진이**

1. 다음 중 황진이에 대한 설명으로 <u>틀린</u> 것을 고르세요.

   ① 시조와 한시를 지어 남겼어요.
   ② 개성 출신이에요.
   ③ 서경덕 등 뛰어난 학자들과 글을 주고받으며 교류했어요.
   ④ 기생 신분을 한탄하여 양반의 첩이 되고자 했어요.

2. 다음 문장에 어울리는 낱말을 적으세요.

   어른이 되면 세계 일주도 하고 머리는 무지개색으로 염색하고
   내 마음대로 ☐☐☐☐ 하게 살 거야!

#여든여섯 번째 위인

차별에 분노하고 적극적으로 저항한
홍경래

　조선 후기, ¹**세도 정치**로 인한 부정부패며 ²**부당한** 세금 제도 등으로 백성들은 점점 힘들어지고 있었습니다. 특히, 평안도 지역 사람들은 몇백 년에 걸쳐 오랫동안 차별을 당하던 터였기에 더욱 불만이 컸지요. 평안도에서 태어나 성장한 홍경래는 어려서부터 양반들에게 시달리는 백성들, 부당한 차별로 억울해하는 사람들을 두루 보고 자랐어요.

　"같은 조선 땅 사람으로 태어나 어찌 *하후하박하는가, ³**외척**들을 뒤엎고 새 나라를 만듭시다!"

　홍경래는 황해도와 평안도를 중심으로 농민들, 상인들, 양반 지식층까지 사람들을 모아 난을 일으켰어요. 반란 초기에는 평안도 일대를 점령했으나 후에 ⁴**관군**에게 패했습니다.

　지도자가 잘못했을 때 들고일어나 바로잡으려는 것은 당시 조선인들에게 혁신적이고 앞서가는 행동이었지요.

위인 홍경래　　　**시대** 조선
출생-사망 1771~1812년　**직업** 혁명가

오늘의 사자성어

何 어찌 하
厚 두터울 후
何 어찌 하
薄 얇을 박

누구에게는 후하고 누구에게는 박하다 즉, **차별하여 대우함**을 이르는 말이에요.

교과서 속 오늘의 낱말

1 **세도 정치** 왕실의 근친이나 신하가 강력한 권세를 잡고 온갖 나랏일을 마음대로 하는 정치예요.

2 **부당하다** 이치에 맞지 않다는 의미예요.

3 **외척** 어머니 쪽의 친척이에요.

4 **관군** 예전에, 국가에 소속되어 있던 정규 군대를 뜻해요.

 꼭 알고 가기 홍경래

1. 여러 가지 차별의 모습 중 홍경래가 당한 종류는 무엇인가요?

    ① 성 차별
    ② 인종 차별
    ③ 지역 차별
    ④ 직업 차별

2. 다음 문장에 어울리는 낱말을 적으세요.

    교통이 통제되어 불편했지만, ☐☐ 에 반대하는 시위대에 응원의 마음을 보냈습니다.

 p. 222

독립을 위해 목숨 바친
윤봉길

"나는 마음에서 우러난 참된 정성으로써 조국의 독립과 자유를 회복하기 위하여 한인애국단의 일원이 되어 적의 장교를 ¹**도륙하기로** ²**맹세하나이다**."

훙커우 공원 의거를 앞둔 윤봉길 의사의 선서문 중 일부입니다.

윤봉길은 일제의 식민지 노예 교육을 거부하고 한학과 고전을 공부하며 농민 계몽과 부흥 운동에 몸담았고, 야학을 만들어 청소년들을 교육했습니다. 만주로 가던 중 옥고를 치르다 탈출하는 등 많은 ³**고초**를 겪었지만, *애국지성 하나로 드디어 대한민국 임시 정부가 있는 중국 상하이에 도착했어요.

한인애국단에 입단한 윤봉길은 일왕의 생일 기념식에 잠입하여, 축하식 단상 위로 ⁴**수류탄**을 투척했습니다. 의거는 대성공하여 현장에 있던 일본군의 주요 인물들이 죽거나 눈이 멀고, 다리가 부러졌으며 절름발이가 됐지요.

체포된 윤봉길은 고문 끝에 일제의 총살로 순국했고, 광복 후 유해를 돌려받아 대한민국 서울의 효창공원에 안장했습니다.

위인 윤봉길 **시대** 일제 강점기
출생-사망 1908~1932년 **직업** 독립운동가

오늘의 사자성어

愛 사랑 **애**
國 나라 **국**
之 어조사 **지**
誠 정성 **성**

자기 나라를 사랑하는 정성을 의미해요.

교과서 속 오늘의 낱말

1 **도륙하다** 사람이나 짐승을 참혹하게 마구 죽인다는 뜻이에요.

2 **맹세하다** 일정한 약속이나 목표를 꼭 실천하겠다고 다짐한다는 의미예요.

3 **고초** 괴로움과 어려움을 아울러 이르는 말이에요.

4 **수류탄** 손으로 던져 터뜨리는 작은 폭탄이에요.

 꼭 알고 가기 **윤봉길**

1. 대한민국 임시 정부가 있던 중국의 도시는 어디인가요?

   ① 베이징
   ② 칭다오
   ③ 상하이
   ④ 하얼빈

2. 다음 문장에 어울리는 낱말을 적으세요.

   이번 상하이 여행에서 대한민국   유적지는 중요한 코스이다.

p. 222

일제 침략의 원흉을 처단한
안중근

'*견리사의 견위수명'

안중근 의사가 이토 히로부미를 척살하고 뤼순 감옥에서 ¹**사형** 집행을 기다리며 남긴 ²**논어**의 글귀예요. 눈앞에 죽음이 다가와도 떳떳하고 당당한 기개가 느껴져요.

독립운동가 안중근은 평양에서 석탄상을 운영하고, 학교를 세워 민족 인재 양성에도 힘썼어요. 러시아 연해주로 건너가 의병이 되어 일군과 전투를 벌이기도 했습니다.

이토가 러시아와의 회담 일정으로 만주 ³**하얼빈**에 올 것이라는 소식이 들려왔어요. 안중근은 일본인으로 위장해 하얼빈역에 도착했고, 러시아 군대 앞을 지나가는 이토에 총알 세 발을 명중시켰어요.

그 자리에서 체포된 안중근은 뤼순 감옥에서 ⁴**형장**의 이슬이 되었어요. 의거 현장인 중국 하얼빈역에는 기념관이 건립되어 안중근의 의거와 순국 과정을 살펴볼 수 있으며, 특히 이토를 저격한 1번 플랫폼의 삼각 표지 실물을 전시하고 있습니다.

위인 안중근   **시대** 대한 제국
출생-사망 1879~1910년   **직업** 독립운동가

오늘의 사자성어

見 볼 견   見 볼 견
利 이로울 리 危 위태할 위
思 생각 사   授 줄 수
義 옳을 의   命 목숨 명

이익을 보면 대의를 먼저 생각하고, 나라가 위태로우면 목숨을 바친다는 뜻이에요.

교과서 속 오늘의 낱말

1 사형   수형자의 목숨을 끊는 형벌이에요.
2 논어   유교 경전의 하나로, 공자와 그의 제자들의 언행을 적은 책이에요.
3 하얼빈 중국 동북부 헤이룽장성의 성도인 도시예요.
4 형장   사형을 집행하는 장소예요.

퀴즈! 꼭 알고 가기 안중근

1. 안중근 의사가 하얼빈역에서 처단한 일제 전범은 누구인가요?
   ① 도요토미 히데요시
   ② 도조 히데키
   ③ 도쿠가와 이에야스
   ④ 이토 히로부미

2. 다음 문장에 어울리는 낱말을 적으세요.

   목숨 걸고 나라 지킨 ☐☐☐☐☐ 분들 덕에 광복을 맞이할 수 있었다.

정답 p. 222

#여든아홉 번째 위인

우리 민족의 독립과 통일을 위해 자신을 바친
김구

　김구는 청년 시기에는 동학 농민 운동, 장년에는 일제에 맞선 독립운동, 광복 후에는 **¹통일**을 위한 운동까지 한평생을 우리 민족의 앞날에 바친 지도자예요.

　황해도의 가난한 집안에서 태어난 김구는 만주에서 의병 활동에 참가하고, 을미사변이 일어나자 일본군 장교를 죽이고 **²옥살이**를 하기도 했어요. 3·1 운동이 일어나고 김구는 대한민국 임시 정부가 있는 상하이로 망명했습니다. 임시 정부를 거점으로 독립운동을 하며 1939년에는 주석에 올라 임시 정부를 *진두지휘했어요. 한인애국단을 만들어 이봉창, 윤봉길의 **³의거**를 도모하면서 전 세계에 우리나라의 독립 의지를 알리는 한편, 한국광복군을 창설해 일제를 청산할 전쟁을 준비했어요.

　1945년 광복을 맞을 때까지 김구는 임시 정부를 이끌었어요. 해방 이후에는 남북한이 아닌 통일 정부를 세우기 위해 부단히 노력하던 중 **⁴암살당하고** 말았어요.

위인 김구　　　　　　**시대** 대한 제국, 일제 강점기, 대한민국
출생-사망 1876~1949년　**직업** 독립운동가

오늘의 사자성어

陣 진칠 **진**
頭 머리 **두**
指 가리킬 **지**
揮 휘두를 **휘**

전투나 사업 등을 직접 앞장서서 지휘한다는 뜻이에요.

교과서 속 오늘의 낱말

1 **통일**   나누어진 것들을 합쳐서 하나의 조직·체계 아래로 모이게 함을 뜻해요.

2 **옥살이**   감옥에 갇히어 지내는 생활을 가리키는 말이에요.

3 **의거**   정의를 위하여 개인이나 집단이 의로운 일을 도모하는 거예요.

4 **암살당하다**   몰래 죽임을 당한다는 뜻이에요.

퀴즈! 꼭 알고 가기 김구

1. 다음 중 김구 선생의 활동이 <u>아닌</u> 것을 고르세요.

① 한인애국단을 만들었어요.
② 대한민국 임시 정부를 이끌었어요.
③ 우리나라를 남한과 북한으로 나누었어요.
④ 만주에서 의병 활동을 했어요.

2. 다음 문장에 어울리는 낱말을 적으세요.

☐☐ 이 되면 나는 백두산 천지, 금강산, 개마고원에 가 보고 싶다.

정답 p. 222

#5절

윤동주　　지석영　　손병희　　유관순　　안창호

 방정환
 한용운
 주시경
 이상
 이중섭
 김수환

#아흔 번째 위인

하늘을 우러러 한 점 부끄럼이 없이 살고자 했던 윤동주

죽는 날까지 하늘을 우러러
한 점 부끄럼이 없기를,
잎새에 이는 바람에도
나는 괴로워했다.

윤동주의 「서시」 중 일부예요. 시인은 무슨 잘못이 부끄럽고, *회개지심을 품은 채 괴로웠을까요?

윤동주는 독립 1**만세**를 부르거나 의거를 일으킨 2**투사**는 아니었어요. 시인으로서 일제 강점기, 어두운 3**식민지**의 현실에 괴로워했고, 그 무게를 시에 담아 꽃피웠지요.

초기에는 동시를 많이 썼어요. 하지만 당시 우리 민족의 비참한 상황에 구체적으로 눈뜨면서 좀 더 복잡한 마음들을 시에 담기 시작했어요. 4**서정적이면서도** 역사 인식이며, 민족에 대한 사랑을 담은 작품들이었어요.

유학 생활 중 민족주의 운동을 했다는 이유로 윤동주는 후쿠오카 형무소에 수감되었고, 그곳에서 지내다 생을 마감했어요.

위인 윤동주　　**시대** 일제 강점기
출생-사망 1917~1945년　**직업** 시인

오늘의 사자성어

悔 뉘우칠 회
改 고칠 개
之 어조사 지
心 마음 심

잘못을 뉘우치고 고치려는 마음을 의미해요.

교과서 속 오늘의 낱말

1 **만세**   바람이나 경축, 환호 따위를 나타내기 위하여 두 손을 높이 들면서 외치는 말이에요.

2 **투사**   싸우거나 싸우려고 나선 사람, 앞장서서 투쟁하는 사람을 뜻해요.

3 **식민지**   다른 나라에 예속되어 국가로서의 주권을 상실한 나라예요.

4 **서정적이다**   마음에 일어나는 여러 가지 감정을 가득 담고 있다는 뜻이에요.

 꼭 알고 가기 **윤동주**

1. 윤동주의 직업은 무엇인가요?

    ① 음악가

    ② 시인

    ③ 의사

    ④ 종교 지도자

2. 다음 문장에 어울리는 낱말을 적으세요.

    일제의 괴롭힘에 굴복하지 않고 독립 ☐ ☐ 를 외친 조상들께 너무나 감사하다.

 p. 222

#아흔한 번째 위인

우리나라에서 처음으로 종두를 시행한
지석영

　오늘날에는 간단히 ¹**예방 주사** 한 대 맞는 것으로 예방되는 병이 많지만, 옛날에는 수많은 사람들이 고비를 못 넘기고 생명을 잃어야 했어요. 그중에서도 천연두는 감염이 잘되고 사망률이 높은 무시무시한 병이었지요.

　지석영은 천연두를 예방하기 위해 ²**백신**을 피부에 접종하는 '종두'를 우리나라에 도입한 의학자예요. 지석영은 어릴 때 ³**한의학**을 배우며 서양 의학에도 흥미를 느끼게 되었다고 해요. 청나라에서 들여온 의학 책을 읽으며 영국 의사 제너가 고안한 우두법에 대해 관심이 생겼고, 부산의 병원에 가서 종두법을 배워 왔지요.

　지석영은 부산에서 서울 집으로 돌아오는 길에 ⁴**처가댁**이 있는 충주에 들러 40여 명에게 우두를 접종했고, 이는 우리나라에서 최초로 종두법을 실시한 거랍니다. 이후 지석영은 *전력투구로 전국적인 종두법 보급에 힘썼어요. 또한 주시경 선생과 더불어 한글 가로쓰기를 제안한 국어학자이기도 하지요.

위인 지석영　　　　**시대** 조선, 대한 제국, 일제 강점기
출생-사망 1855~1935년　**직업** 의학자, 국어학자

198

오늘의 사자성어

全 온전할 전
力 힘 력
投 던질 투
球 공 구

온 힘을 다해 공을 던지듯이 **있는 힘껏 애쓰는 모습을** 가리켜요.

교과서 속 오늘의 낱말

1 **예방 주사** 　감염병을 예방하기 위하여 주사기로 항원을 몸속에 주입하는 거예요.

2 **백신** 　생균에 조작을 가하여 독소를 약화시키거나 균을 죽여서 만든 주사약이에요. 전염병에 대해 면역을 주기 위해 맞아요.

3 **한의학** 　중국에서 전래되어 우리나라에서 독자적으로 발달한 전통 의학이에요.

4 **처가댁** 　아내의 본가를 높여 이르는 말이에요.

 꼭 알고 가기 **지석영**

1. 지석영의 종두법 보급에 대해 읽고 <u>잘못된</u> 생각을 고르세요.

   ① 예방 주사 맞기 싫어했는데, 감사하는 마음을 갖게 되네.
   ② 새로운 지식에 관심 갖고 배우는 건 좋은 태도구나.
   ③ 언제든 주사 맞으면 나아. 아파도 바쁘면 병원은 나중에 가도 돼.
   ④ 더 많은 병에 대해 백신이 개발되고 보급되면 좋겠다.

2. 다음 문장에 어울리는 낱말을 적으세요.

   정신 차려. ☐☐☐☐ 로 매달려도 모자랄 판에 대충 요령 부리면 되겠니?

정답 p. 222

\# 아흔두 번째 위인

민족 대표의 수장이자 3·1 운동을 주도한
손병희

　손병희는 어린 시절부터 의리가 있고 어려운 사람을 돕고 싶어 하는 성격이었다고 해요. 아버지가 **¹관청**에 내라고 맡긴 돈을 눈길에 쓰러진 사람에게 주는가 하면, 감옥에 갇힌 친구의 아버지를 구하기 위해 자기 집의 **²비상금**을 쓴 적도 있지요.

　동학에 입문하여 간부가 된 뒤로는 보국안민, 척왜척양을 부르짖으며 시위를 벌이고, 녹두 장군 전봉준과 합세하여 항일 전선에서 싸운 적도 있었어요. 손병희가 동학의 제3대 교주가 되면서 동학은 '**³천도교**'로 이름을 바꾸었습니다.

　일본 **⁴망명** 중에는 교육 사업이야말로 민족의 정신을 지키는 데 가장 중요한 *백년지계임을 느꼈어요. 귀국 후 보성학교 등 많은 우리나라 학교를 유지, 경영하는 데 관여했으며, 출판사를 설립하기도 했습니다.

　3·1 운동에도 천도교를 대표하여 민족 대표 33인의 한 사람으로 참가했지요.

위인 손병희　　**시대** 조선, 대한 제국, 일제 강점기
출생-사망 1861~1922년　**직업** 독립운동가

오늘의 사자성어

百 일백 **백**
年 해 **년**
之 어조사 **지**
計 꾀할 **계**

백 년의 계획 즉, **먼 앞날까지 미리 내다보고 세우는 계획**이라는 뜻이에요.

교과서 속 오늘의 낱말

1 **관청** 국가의 사무를 집행하는 국가 기관을 가리키는 말이에요.

2 **비상금** 뜻밖의 긴급한 상황에서 쓰기 위해 마련해 둔 돈이에요.

3 **천도교** 최제우가 창건한 우리나라 종교로, 인격적이며 초월적인 유일신 한울님을 신앙의 대상으로 해요.

4 **망명** 정치적인 이유 등으로 자기 나라에서 박해를 받고 있거나 위험에 처한 사람이 외국으로 몸을 피하는 거예요.

 꼭 알고 가기 **손병희**

1. 다음 중 손병희의 활동으로 <u>틀린</u> 것을 고르세요.

   ① 천주교를 믿어서 박해를 받았어요.
   ② 3·1 운동에 민족 대표로서 참가했어요.
   ③ 동학 및 천도교의 지도자였어요.
   ④ 교육 사업에 힘썼어요.

2. 다음 문장에 어울리는 낱말을 적으세요.

   친구가 아프다는데 ☐☐ 가 있지, 얼른 문병을 가야겠다.

 p. 222

#아흔세 번째 위인

18세에 옥중에서 순국한
독립운동가 유관순

"대한 독립 만세!"

유관순은 일제 강점기 우리나라를 위해 맞서 싸운 *순국선열이자 독립운동의 ¹영웅입니다. 오늘날로 치면 중학생, 고등학생의 나이에 만세 시위의 ²선봉에 선 거예요. 형무소에 끌려가 참혹한 고문을 당하면서도 독립 만세를 외쳤지요.

천안에서 태어난 유관순은 이화 학당에서 공부했어요. ³잔 다르크처럼 나라를 구하는 영웅이 되고 싶어 했지요. 일제의 폭압에 많은 사람들이 만세 시위를 벌이기 시작하자, 유관순을 비롯한 이화 학당의 어린 여학생들 역시 거리로 뛰쳐나와 만세를 불렀어요. 바로 3·1 운동이에요.

일제의 명령으로 학교가 문을 닫자 유관순은 천안으로 내려갔어요. 마을 사람들을 조직해 만세 시위를 계획하고, 마침내 아우내 ⁴장터에서 독립 만세를 외쳤어요. 만세 시위의 주동자로서 징역형을 받은 유관순은 형무소에서도 대한 독립 만세를 외치다 18세의 어린 나이에 감옥에서 세상을 떠났습니다.

위인 유관순   **시대** 대한 제국, 일제 강점기
출생-사망 1902~1920년   **직업** 독립운동가

오늘의 사자성어

殉 따라 죽을 순
國 나라 국
先 먼저 선
烈 매울 렬(열)

나라를 위하여 목숨을 바친 **윗대의 열사**를 의미해요.

교과서 속 오늘의 낱말

1 **영웅** 지혜와 재능이 뛰어나고 용맹하여 보통 사람이 하기 어려운 일을 해내는 사람을 가리켜요.

2 **선봉** 무리의 앞자리 또는 그 자리에 선 사람을 가리키는 말이에요.

3 **잔 다르크** 백 년 전쟁 당시 16세의 나이로 출전하여 영국군 포위를 뚫고 진두에 서서 성을 탈환한 프랑스의 여성 영웅이에요.

4 **장터** 장이 서는 터를 말해요.

 꼭 알고 가기 **유관순**

1. 다음 중 일제에 맞서 우리나라의 독립을 위해 힘쓰지 <u>않은</u> 사람은 누구인가요?

   ① 대한민국 임시 정부 활동을 진두지휘한 김구
   ② 대한 독립 만세를 외치다 형무소에서 생을 마감한 유관순
   ③ 한일 병합 조약을 체결한 민족 반역자 이완용
   ④ 하얼빈역에서 이토 히로부미를 사살한 안중근

2. 다음 문장에 어울리는 낱말을 적으세요.

   현충일에는 나라를 위해 목숨 바친 ☐☐☐☐을 생각하며 묵념을 한다.

정답 p. 222

#아흔네 번째 위인

신민회와 대성 학교, 흥사단 등을 세워 민족의 실력을 높이고자 한 안창호

안창호는 일찍감치 신학문을 접하면서 우리나라의 ¹**자주독립**을 위해 무엇이 가장 중요한지 늘 생각하고 고민했어요.

미국 유학 중에는 ²**교포**들과 함께 민족 운동 단체를 만들어 활동했어요. 우리 고유의 정신문화를 지켜야만 자주독립이 이루어질 수 있고, 그러려면 우리 민족의 실력을 높이고 늘 훌륭한 의식을 품어야 한다고 생각했어요.

일제가 1905년 ³**을사늑약**으로 우리나라의 외교권을 빼앗자, 안창호는 귀국을 했어요. 신민회를 조직하여 독립운동을 벌이는 한편, 교육 사업에도 힘을 기울였어요. 안창호의 생각에 따르면, 민족 혁신의 출발은 나 자신부터 건전한 인격으로 갈고닦는 것이었어요. 교육을 통해 *무실역행의 정신을 새기며 노력해야 한다고 생각했지요. 이러한 신념으로 평양에 대성 학교를 설립하고 교육을 통한 구국 활동을 하였습니다.

그 후 안창호는 일제의 탄압으로 미국에 망명하였고 그곳에서 ⁴**흥사단** 활동을 하며 독립운동을 하였습니다. 광복 이후에도 흥사단의 활동은 국내에서 이어지고 있습니다.

위인 안창호　**시대** 대한 제국, 일제 강점기
출생-사망 1878~1938년　**직업** 독립운동가

오늘의 사자성어

務 힘쓸 무
實 열매 실
力 힘 력(역)
行 다닐 행

참되기를 힘쓰고 또한 힘써 행한다 즉, **참되고 실속 있도록 힘써 실행하는 모습**을 가리켜요.

교과서 속 오늘의 낱말

1 **자주독립** 다른 나라의 간섭을 받거나 의존하지 아니하고 자주권을 행사하는 거예요.

2 **교포** 다른 나라에 정착하여 그 나라 국민으로 살고 있는 동포를 뜻해요.

3 **을사늑약** 일본이 한국의 외교권을 빼앗기 위하여 강제로 맺은 조약으로, 고종 황제가 끝까지 승낙하지 않아 무효인 조약이에요.

4 **흥사단** 1913년 안창호가 미국에서 재창단한 민족 부흥 운동 단체예요. 광복 후 서울로 본부를 옮겼어요.

 꼭 알고 가기 **안창호**

1. 다음 중 안창호와 관련이 없는 단체를 고르세요.

   ① 흥사단
   ② 신민회
   ③ 이화 학당
   ④ 대성 학교

2. 다음 문장에 어울리는 낱말을 적으세요.

   ☐☐☐☐ 은 고종 황제가 끝까지 승낙하지 않은 무효의 조약이다.

 p. 222

#아흔다섯 번째 위인

어린이날을 만든
방정환

　5월 5일이 무슨 날인지 모르는 사람은 없겠죠? 그런데 이 어린이날을 누가 언제, 왜 만들었는지도 알고 있나요?

　방정환은 일제 강점기에 어린이날을 제정하고, 아동 ¹**잡지**를 만든 아동 문학가예요. 그전에는 어린이라는 말도 잘 쓰지 않았어요. 순수하고 *천진난만한 어린이, 보호받아야 할 어린이라는 개념이 널리 자리 잡기 전이었으니까요.

　방정환이 ²**창간한** 잡지의 이름도 「어린이」였어요. 직접 동화를 쓰고 편집하며, 외국 동화를 번역해 실었어요. 외국 동화를 우리나라 어린이들에 맞게 ³**번안하여** 수록하기도 했지요.

　방정환의 글을 읽으며 당시 ⁴**엄격한** 유교에 짓눌려 있던 어린이들의 마음은 어땠을까요? 무척 속시원하고 기분 좋았을 것 같아요.

위인 방정환　　　**시대** 대한 제국, 일제 강점기
출생-사망 1899~1931년　**직업** 아동 문학가

오늘의 사자성어

天 하늘 천
眞 참 진
爛 흐드러질 난
漫 질펀할 만

말이나 행동에 아무런 꾸밈이 없이 그대로 나타날 만큼 순진하고 천진하다는 뜻이에요.

교과서 속 오늘의 낱말

1 **잡지** 일정한 이름을 가지고 호를 거듭하며 정기적으로 간행하는 책이에요.

2 **창간하다** 신문, 잡지 따위의 정기 간행물의 첫 호를 펴낸다는 뜻이에요.

3 **번안하다** 원작의 내용이나 줄거리는 그대로 두고 풍속, 인명, 지명 등을 시대나 풍토에 맞게 바꾸어 고친다는 의미예요.

4 **엄격하다** 말, 태도, 규칙 따위가 매우 엄하고 철저함을 가리키는 말이에요.

 꼭 알고 가기 **방정환**

1. 다음 중 방정환이 제정한 어린이들을 위한 날을 고르세요.

   ① 현충일
   ② 어버이날
   ③ 스승의 날
   ④ 어린이날

2. 다음 문장에 어울리는 낱말을 적으세요.

   이 사진의 아기는 내 동생이야. 이때만 해도 ☐☐☐☐해 보여. 요새는 맨날 나한테 울고불고 떼를 써.

 p. 222

#아흔여섯 번째 위인

승려 출신의 독립운동가이자 민족시인
한용운

한용운은 독립운동가 겸 승려이자 시인이었어요. 민족 대표 33인 중 불교계를 대표하여 3·1 독립 선언을 이끌었고, 「님의 침묵」이라는 시집으로 문학을 통한 저항 운동에 힘썼지요. 「님의 침묵」에는 88편의 시가 수록되어 있는데, 주로 우리 민족의 독립에 대한 *운예지망을 사랑에 비유하여 표현하고 있답니다.

백담사에서 승려가 된 한용운은 당시 ¹부패가 심했던 불교의 상황을 지적하며 혁신 운동을 펼쳤어요. 친일 승려들이 우리나라의 불교를 일본 불교와 합치려 하자 이를 비판하며 ²궐기 대회를 열기도 했어요.

3·1 운동으로 체포, 수감된 중에도 한용운은 「조선 독립에 대한 감상」이란 논설문을 써 법원에 내미는 등 ³기개를 잃지 않았어요. ⁴석방 이후에도 일본식 성명 강요 반대 운동, 불교 대중화 운동에 힘쓰며 독립 정신을 담은 시 작품을 남겼어요.

위인 한용운 **시대** 대한 제국, 일제 강점기
출생-사망 1879~1944년 **직업** 독립운동가

오늘의 사자성어

雲 구름 운
霓 암무지개 예
之 어조사 지
望 바랄 망

가뭄 때 구름과 무지개를 바란다는 뜻으로, **간절하게 바라는 마음**을 의미해요.

교과서 속 오늘의 낱말

1 **부패** 정치, 사상, 의식 등이 타락함을 뜻해요.

2 **궐기 대회** 문제에 대하여 해결책을 촉구하기 위해, 뜻있는 사람들이 모여서 들고일어나는 거예요.

3 **기개** 씩씩한 기상과 굳은 절개를 가리켜요.

4 **석방** 법에 의하여 구속했던 사람을 자유롭게 풀어 줌을 의미해요.

퀴즈! 꼭 알고 가기 한용운

1. 다음 중 일제의 횡포에 해당하지 <u>않는</u> 것을 고르세요.

   ① 평화 시위인 만세 운동 참여자들을 감옥에 가두고 고문했어요.
   ② 우리나라 불교를 일본 불교와 합치려 했어요.
   ③ 일본식으로 성과 이름을 고치게 했어요.
   ④ 대한민국 임시 정부에 활동 자금을 댔어요.

2. 다음 문장에 어울리는 낱말을 적으세요.

   한용운의 시 「 」에서 '님'은 우리나라, 부처님, 연인 등으로 읽을 수 있다.

#아흔일곱 번째 위인

보따리 싸 들고 다니며 우리말을 연구하고 가르친 주시경

쉽고 편하게 배워서 매일 듣고 읽고 말하고 쓰고 있는 한글이지만, 처음부터 학년별로 국어 ¹**교과서**가 있었을까요? 같은 뜻인데 다른 낱말을 쓰거나, 같은 소리를 다르게 적지는 않았을까요?

오늘날 우리가 잘 정리된 말과 글을 배우고 사용하기까지는 많은 사람들의 노력이 있었습니다. 그중 주시경 선생은 한글을 ²**체계적으로** 연구하고 가르치는 데 *전심전력을 기울인 국어학자예요.

주시경은 배재 학당에서 공부하고 독립신문에서 순한글 신문을 제작하며 국어학자의 길을 가기 시작했어요. 학당을 졸업한 후에는 이화 학당을 비롯한 여러 학교의 선생님을 맡아, 국어를 중심으로 다양한 과목을 가르쳤습니다. 국어를 가르치는 ³**학과**를 설치하거나 국어 강습소를 개설하기도 했어요. 일요일에도 국어 자료가 든 ⁴**보따리**를 들고 가르치러 다니는 열정에 '주보따리'라는 별명이 붙을 정도였지요.

위인 주시경 **시대** 대한 제국, 일제 강점기
출생-사망 1876~1914년 **직업** 국어학자

오늘의 사자성어

全 온전할 전
心 마음 심
全 온전할 전
力 힘 력

온 마음과 온 힘을 가리켜요.

교과서 속 오늘의 낱말

1 **교과서** 학교에서 교과 과정에 따라 주된 교재로 사용하기 위하여 편찬한 책이에요.

2 **체계적이다** 짜임새 있게 조직되어 통일된 전체를 이룬 모습을 가리켜요.

3 **학과** 학문의 분야에 따라 나눈 분과를 뜻해요.

4 **보따리** 보자기에 물건을 싸서 꾸린 뭉치를 의미해요.

 꼭 알고 가기 **주시경**

1. 주시경 선생에게 왜 주보따리라는 별명이 붙었나요?

   ① 보따리를 잘 잃어버려서
   ② 보따리에 국어 자료를 들고 다니며 열성으로 학생들을 가르쳐서
   ③ 보따리는 큰데 막상 찾는 물건은 꼭 없어서
   ④ 보따리에 음료와 간식을 많이 챙겨 다녀서

2. 다음 문장에 어울리는 낱말을 적으세요.

   세종 대왕이 만드신  을 여러 국어학자들이 연구하고 정리하여 오늘날까지 우리 고유의 언어와 문화로 발전해 왔다.

정답 p. 222

#아흔여덟 번째 위인

누구도 따라 할 수 없는 파격적인 시인
이상

어린 시절, 이상은 화가를 꿈꾸는 소년이었어요. ¹**부유한** 큰아버지의 양자로 자라며 큰아버지의 희망에 따라 ²**건축가**가 되었지요. 유능한 건축가로 일하는 중에 글을 쓰고 그림을 그리는 건 당시로선 독특했습니다. 시와 그림을 발표하기 시작할 무렵부터 본명인 '김해경' 대신 '이상'이라는 ³**예명**을 사용하기 시작했지요.

이상의 시는 매우 독특하고 실험적이었어요. 띄어쓰기가 되어 있지 않고, 문법이 안 맞기도 했어요. 숫자와 수학 기호, 도형이 등장하는가 하면, 읽긴 읽어도 정확히 해석이 안 되는 부분이 많았습니다. 어떤 사람들은 이게 뭐냐고 마구 항의했지요.

건축 일을 그만두고 본격적으로 시와 소설, 수필에 매진하며 이상은 많은 주목을 받았습니다. ⁴**폐결핵**이 악화되어 27세라는 안타까운 나이에 세상을 떠나기까지, ***전무후무**하리만치 실험적인 시들을 발표하며 독특한 작품을 남겼지요. 대표작으로는 시 「오감도」, 소설 「날개」 등이 있어요.

위인 이상   **시대** 일제 강점기
출생-사망 1910~1937년   **직업** 시인

오늘의 사자성어

前 앞 전
無 없을 무
後 뒤 후
無 없을 무

이전에도 없었고 앞으로도 없다는 뜻이에요.

교과서 속 오늘의 낱말

1 부유하다 — 재물이 넉넉하다는 뜻이에요.
2 건축가 — 건축에 대한 전문적인 지식이나 기술을 가진 사람이에요.
3 예명 — 예능인이 본명 이외에 따로 지어 부르는 이름이에요.
4 폐결핵 — 폐에 결핵균이 침입하여 생기는 만성 전염병이에요.

퀴즈! 꼭 알고 가기 — 이상

1. 이상의 시에 대해 사람들은 왜 항의했을까요?

   ① 일본 제국주의를 찬양해서
   ② 인쇄가 잘못되어서
   ③ 매우 파격적인 나머지 의도를 파악하기 어려워서
   ④ 이상이라는 이름이 본명이 아니어서

2. 다음 문장에 어울리는 낱말을 적으세요.

   저학년 때는 삼각형, 사각형, 동그라미 등 평면 ☐ ☐ 을 배웠어요.

   고학년이 되면 부피가 있는 입체 ☐ ☐ 도 배워요.

정답 p. 222

#아흔아홉 번째 위인

시련 속에서도 따뜻한 마음을 그린 천재 화가 이중섭

　사랑하는 가족이나 친구를 한동안 못 보고 지낸 적이 있나요? 이중섭은 일제 강점기의 아픔, 유랑의 괴로움, 그리운 가족을 향한 *상사일념을 그림 작품으로 녹여낸 화가예요.

　이중섭은 유학 중 일본에서 ¹공모전에 출품해 상을 받으며 화가로서 주목받기 시작했습니다. 소를 주제로 한 작품을 주로 그렸지요. 그림을 출품하러 귀국했던 이중섭은 일본에 돌아가지 않기로 했고, 후배였던 일본인 야마모토 여사가 조선으로 건너와 이중섭과 결혼했습니다.

　이중섭은 6·25가 발발하자 종군 화가로 활동했고, 이후로는 여러 곳을 전전하며 그림을 그렸어요. ²곤궁한 형편에 담뱃갑 은종이에 그림을 그리기도 했어요. 어려워진 생활에 아내와 두 아들은 일본으로 다시 건너갔어요.

이중섭은 일본에 보낸 아내와 두 아들을 몹시 그리워했지요.

　³휴전 이후 이중섭은 서울에서 개인전을 가졌지만, 그림값을 ⁴떼이는 등 좌절이 끊이지 않았습니다. 몸과 마음의 병을 얻어 생을 마감하고 말았어요.

위인 이중섭　　**시대** 일제 강점기, 대한민국
출생-사망 1916~1956년　　**직업** 화가

오늘의 사자성어

相 서로 **상**
思 생각 **사**
一 하나 **일**
念 생각할 **념**

서로 그리워하는 한결같은 마음을 의미해요.

교과서 속 오늘의 낱말

1 **공모전**　공개 모집한 작품의 전시회예요.
2 **곤궁하다**　가난하여 살림이 구차한 상황을 의미해요.
3 **휴전**　교전국이 서로 합의하여, 전쟁을 얼마 동안 멈추는 일이에요.
4 **떼이다**　남에게 빌려준 돈 등을 돌려받지 못하게 되는 거예요.

 꼭 알고 가기 **이중섭**

1. 다음 중 이중섭에 대한 설명으로 **틀린** 것을 고르세요.

　① 유학 생활 중 일본에서 결혼했어요.
　② 힘든 생활에도 그림을 놓지 않았어요.
　③ 그림 재료가 부족하여 담뱃갑 은종이에 그림을 그린 적도 있어요.
　④ 일본에 보낸 아내와 두 아들을 몹시 그리워했어요.

2. 다음 문장에 어울리는 낱말을 적으세요.

　제주 서귀포의 ☐ ☐ ☐ 박물관에 가면, 화가와 가족들이 살았던 집, 생활의 흔적들, 작품들을 볼 수 있다.

 p. 222

#백 번째 위인

우리나라 최초의 가톨릭 추기경
김수환

김수환 추기경은 1969년 ¹**교황** 바오로 6세에 의해 임명된 우리나라 최초의 추기경이에요. 할아버지는 우리나라 최대 규모의 가톨릭 박해인 ²**병인 박해** 때 순교했으며, 아버지 어머니도 가톨릭 신자인 독실한 집안에서 태어났지요.

일본의 대학에서 공부하다가 전쟁으로 귀국했고, 우리나라의 가톨릭대에서 신학을 전공한 김수환은 사제 서품을 받았어요.

김수환은 평생을 복음 전파에 바치면서도 현실에서 동떨어지지 않는 사제였습니다. 교회의 높은 담을 헐고, 사회 속에 교회를 심어야 한다고 주장했지요. 교회는 가난하고 봉사해야 하며, ³**시대정신**에 동참해야 한다는 뜻을 내내 실천했어요. 민주화운동과 같이 ⁴**시국** 관련 사건에 종교 지도자로서 영향을 발휘하며, 시민들과 늘 *사생동고 함께하는 사제였답니다.

위인 김수환　　**시대** 대한민국
출생-사망 1922~2009년　**직업** 추기경

오늘의 사자성어

死 죽을 사
生 날 생
同 같을 동
苦 괴로울 고

죽고 사는 고생을 함께한다 즉, **어떤 어려움도 같이함을** 이르는 말이에요.

교과서 속 오늘의 낱말

1 **교황** 천주교 즉, 가톨릭교의 최고위 성직자예요.

2 **병인박해** 조선 고종 3년(1866)에 일어난, 우리나라 최대 규모의 가톨릭 박해 사건이에요.

3 **시대정신** 한 시대의 사회에 널리 퍼져 그 시대를 지배하거나 특징짓는 정신을 뜻해요.

4 **시국** 당면한 국내 및 국제 정세나 대세를 가리키는 말이에요.

 꼭 알고 가기 **김수환**

1. 김수환 추기경은 어느 종교의 사제였는지 고르세요.

   ① 불교
   ② 천도교
   ③ 가톨릭교
   ④ 이슬람교

2. 다음 문장에 어울리는 낱말을 적으세요.

   ☐☐☐☐ 는 우리나라 최대 규모의 가톨릭 박해 사건이에요.

정답 p. 222

퀴즈! 꼭 알고 가기 정답

1 p. 11
단군
1. ②
2. 수도

2 p. 13
동명왕
1. ③
2. 고구려

3 p. 15
온조왕
1. ④
2. 토사구팽

4 p. 17
박혁거세
1. ②
2. 혁거세

5 p. 19
광개토 대왕
1. ②
2. 파죽지세

6 p. 21
이사부
1. ④
2. 아연실색

7 p. 23
백결
1. ②
2. 한숨

8 p. 25
근초고왕
1. ③
2. 사통팔달

9 p. 27
계백
1. ②
2. 황산벌

10 p. 29
관창
1. ④
2. 화랑

11 p. 33
김유신
1. ①
2. 분골쇄신

12 p. 35
문무왕
1. ③
2. 전전반측

13 p. 37
원효 대사
1. ②
2. 당나라

14 p. 39
혜초
1. ①
2. 사방팔방

15 p. 41
장보고
1. ①
2. 중계 무역

16 p. 43
대조영
1. ③
2. 고구려

17 p. 45
태조 왕건
1. ④
2. 개성

18 p. 47
광종
1. ③
2. 왕건

19 p. 49
강감찬
1. ③
2. 장원

20 p. 51
서희
1. ②
2. 압록강

퀴즈! 꼭 알고 가기 정답

21 p.53 **양규**
1. ②
2. 포로

22 p.55 **정중부**
1. ④
2. 와신상담

23 p.57 **최무선**
1. ②
2. 일념통천

24 p.59 **배중손**
1. ③
2. 삼별초

25 p.61 **이규보**
1. ①
2. 교언영색

26 p.63 **정지상**
1. ③
2. 김부식

27 p.65 **만적**
1. ④
2. 노비

28 p.67 **김부식**
1. ③
2. 박학다식

29 p.69 **지눌**
1. ②
2. 불교

30 p.71 **의천**
1. ②
2. 출가

31 p.73 **이종무**
1. ④
2. 일망타진

32 p.75 **정몽주**
1. ②
2. 선죽교

33 p.77 **문익점**
1. ③
2. 목화

34 p.79 **최충**
1. ③
2. 동문수학

35 p.81 **일연**
1. ③
2. 국사

36 p.85 **최영**
1. ②
2. 홍건적, 왜구

37 p.87 **황희 정승**
1. ③
2. 공, 사

38 p.89 **맹사성**
1. ④
2. 청백리

39 p.91 **장영실**
1. ③
2. 칠전팔기

40 p.93 **정도전**
1. ③
2. 시기상조

219

퀴즈! 꼭 알고 가기 정답

41 p. 95
김만덕
1. ②
2. 인지상정

42 p. 97
이율곡
1. ④
2. 낭중지추

43 p. 99
이퇴계
1. ②
2. 소수 서원

44 p. 101
신사임당
1. ④
2. 현모양처

45 p. 103
곽재우
1. ④
2. 임전무퇴

46 p. 105
조헌
1. ③
2. 형설지공

47 p. 107
김시민
1. ②
2. 임진왜란

48 p. 109
이순신
1. ③
2. 백전백승

49 p. 111
태조
1. ①
2. 두문불출

50 p. 113
정종
1. ③
2. 정종

51 p. 115
태종
1. ④
2. 태종

52 p. 117
세종 대왕
1. ③
2. 태평성대

53 p. 119
문종
1. ②
2. 학수고대

54 p. 121
단종
1. ③
2. 수양 대군

55 p. 123
세조
1. ②
2. 심복

56 p. 125
성삼문
1. ④
2. 복위

57 p. 127
박팽년
1. ③
2. 사육신

58 p. 129
이개
1. ③
2. 오매불망

59 p. 131
하위지
1. ②
2. 독야청청

60 p. 133
유성원
1. ④
2. 상왕

퀴즈! 꼭 알고 가기 정답

61 p. 135
유응부
1. ③
2. 태연자약

62 p. 137
김시습
1. ①
2. 불교

63 p. 139
원호
1. ③
2. 삼년상

64 p. 141
이맹전
1. ④
2. 행세

65 p. 143
조려
1. ②
2. 도중예미

66 p. 145
성담수
1. ③
2. 실록

67 p. 147
남효온
1. ④
2. 금기

68 p. 149
논개
1. ②
2. 살신성인

69 p. 151
권율
1. ③
2. 합심

70 p. 155
박지원
1. ②
2. 사대주의

71 p. 157
임꺽정
1. ①
2. 의적

72 p. 159
홍익한
1. ④
2. 절치부심

73 p. 161
윤집
1. ③
2. 존망지추

74 p. 163
오달제
1. ③
2. 청

75 p. 165
박문수
1. ①
2. 파견

76 p. 167
한석봉
1. ③
2. 호

77 p. 169
김홍도
1. ①
2. 어명

78 p. 171
김삿갓
1. ④
2. 죄책감

79 p. 173
김정호
1. ③
2. 방방곡곡

80 p. 175
영조
1. ①
2. 탕평책

221

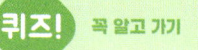

81 p.177
정조
1. ③
2. 화성

82 p.179
정약용
1. ③
2. 유배

83 p.181
전봉준
1. ②
2. 혁명

84 p.183
김대건
1. ③
2. 초지일관

85 p.185
황진이
1. ④
2. 자유분방

86 p.187
홍경래
1. ③
2. 차별

87 p.189
윤봉길
1. ③
2. 임시 정부

88 p.191
안중근
1. ④
2. 독립운동가

89 p.193
김구
1. ③
2. 통일

90 p.197
윤동주
1. ②
2. 만세

91 p.199
지석영
1. ③
2. 전력투구

92 p.201
손병희
1. ①
2. 의리

93 p.203
유관순
1. ③
2. 순국선열

94 p.205
안창호
1. ③
2. 을사늑약

95 p.207
방정환
1. ④
2. 천진난만

96 p.209
한용운
1. ④
2. 님의 침묵

97 p.211
주시경
1. ②
2. 한글

98 p.213
이상
1. ③
2. 도형

99 p.215
이중섭
1. ①
2. 이중섭

100 p.217
김수환
1. ③
2. 병인박해

찾아보기

번호	이름	쪽
19	강감찬	48
9	계백	26
45	곽재우	102
10	관창	28
5	광개토 대왕	18
18	광종	46
69	권율	150
8	근초고왕	24
89	김구	192
84	김대건	182
41	김만덕	94
28	김부식	66
78	김삿갓	170
100	김수환	216
47	김시민	106
62	김시습	136
11	김유신	32
79	김정호	172
77	김홍도	168
67	남효온	146
68	논개	148
1	단군	10
54	단종	120
16	대조영	42
2	동명왕	12
27	만적	64
38	맹사성	88
12	문무왕	34
33	문익점	76
53	문종	118
75	박문수	164
70	박지원	154
57	박팽년	126
4	박혁거세	16
95	방정환	206
24	배중손	58
7	백결	22
20	서희	50
66	성담수	144
56	성삼문	124
55	세조	122
52	세종 대왕	116
92	손병희	200
44	신사임당	100
88	안중근	190
94	안창호	204
21	양규	52
80	영조	174
74	오달제	162
3	온조왕	14
63	원호	138
13	원효 대사	36
93	유관순	202
60	유성원	132
61	유응부	134
90	윤동주	196
87	윤봉길	188
73	윤집	160
30	의천	70
58	이개	128
25	이규보	60
64	이맹전	140
98	이상	212
6	이사부	20
48	이순신	108
42	이율곡	96
31	이종무	72
99	이중섭	214
43	이퇴계	98
35	일연	80
71	임꺽정	156
15	장보고	40
39	장영실	90
83	전봉준	180
40	정도전	92
32	정몽주	74
82	정약용	178
81	정조	176
50	정종	112
22	정중부	54
26	정지상	62
65	조려	142
46	조헌	104
97	주시경	210
29	지눌	68
91	지석영	198
23	최무선	56
36	최영	84
34	최충	78
49	태조	110
17	태조 왕건	44
51	태종	114
59	하위지	130
76	한석봉	166
96	한용운	208
14	혜초	38
86	홍경래	186
72	홍익한	158
85	황진이	184
37	황희 정승	86

  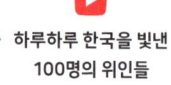

하루하루 한국을 빛낸
100명의 위인들

하루하루
한국을 빛낸 100명의 위인들

초판 5쇄 **발행**　　2025년 1월 25일
초판 1쇄 **발행**　　2024년 7월 25일

지은이　　책봄
그림　　박윤희
감수　　김현정
기획　　김은경
편집　　이지영
디자인　　IndigoBlue
성우　　손효경
영상　　BRIDGECODE

발행인　　조경아
총괄　　강신갑
발행처　　랭귀지북스
주소　　서울시 마포구 포은로2나길 31 벨라비스타 208호
등록번호　　101-90-85278　　**등록일자**　　2008년 7월 10일
전화　　02.406.0047　　**팩스**　　02.406.0042
이메일　　languagebooks@hanmail.net

ISBN　　979-11-5635-229-7 (73910)
값　　14,000원
ⓒLanguagebooks, 2024

이 책은 저작권법에 따라 보호받는 저작물이므로 무단 전재와 무단 복제를 금지하며,
이 책 내용의 전부 또는 일부를 이용하려면 반드시 저작권자와 랭귀지북스의 서면 동의를 받아야 합니다.
잘못된 책은 구입처에서 바꿔 드립니다.